Dobre suas receitas

Dobre suas receitas

Carlos Caixeta

Letramento

Editor:

Gustavo Abreu

Projeto gráfico, Diagramação e Revisão:

Nathan Matos | LiteraturaBr Serviços Editoriais

Capa:

João Gabriel Moreira | Estúdio de Criação

Dados Internacionais de Catalogação na Publicação (CIP)

Bibliotecária Juliana Farias Motta CRB7- 5880

C138d Caixeta, Carlos

Dobre suas receitas / Carlos Caixeta .

Belo Horizonte, MG : Letramento, 2016.

ISBN: 978-85-68275-60-3

1. Marketing. 2. Administração mercadológica.3. Planejamento empresarial. I. Título.

CDD 658.8

Alpha Business é um selo do Grupo Editorial Letramento.

Belo Horizonte - MG
Rua Cláudio Manoel, 713
Funcionários
CEP 30140-100
Fone 31 3327-5771
contato@editoraletramento.com.br
www.editoraletramento.com.br

Sumário

Ilustre Leitor

Numa floresta alemã, foram cortadas frondosas árvores de mais de 50 anos. Céus! Na Europa? Logo o alemão, um grande defensor e apreciador da natureza? Causa estranheza se a informação estiver capenga, incompleta. Vamos aos detalhes, onde encontramos as partes do todo. A explicação para este fato aparentemente grotesco carrega o grande estigma do século: a suástica. É que essas árvores foram plantadas seguindo o desenho desse símbolo, visto claramente ao sobrevoar a floresta. De uma maneira cruel, mas também muito eficiente, estamos mostrando a força do marketing, o poder da marca...

Já não é mistério para quem trabalha na área que a mais poderosa marca de todos os tempos não tem preço e nos remete também a outro símbolo, que também representa uma crueldade, desta vez ocorrida, há milênios, contra toda a humanidade, a cruz. Simples, forte e cheia de conteúdo. O sonho de criação de todo marquetólogo.

Em pesquisas sobre marca no Brasil, empresas como Itaú Unibanco, Omo, Bradesco, Ambev, Natura, Dove e Coca-Cola têm sido "Top of Mind". São as marcas líderes nas lembranças entre os consumidores brasileiros. O valor da marca de empresas como a Apple, Google e Coca-Cola ultrapassa centenas de bilhões de dólares – US$ 182 bilhões –, razão das constantes análises e ações no sentido de preservar este patrimônio.

A marca deve transmitir informações previamente estabelecidas pelo Plano de Marketing e ocupar, na mente do consumidor, a posição desejada pela empresa. Quando há distorções, são provocados ruídos que prejudicam o planejado. Duas situações extremas podem acontecer: gerar expectativas que o produto não consegue atender ou não transmitir todo o seu potencial.

A primeira situação frustra o consumidor e a segunda inibe as vendas. Consideramos o primeiro erro mais sério e o segundo uma verdadeira lástima que pode comprometer o desempenho das vendas e receitas.

A fala de Heitor, personagem da peça Tróilo e Cressida escrita entre 1601 e 1602 por W. Shakespeare, nos dá uma noção de *valor*, conceito que o marketing persegue com o objetivo de oferecer ao consumidor produtos e serviços que contenham a relevância que ele espera. O rapto por amor, de Helena de Tróia, causou uma violenta e heroica guerra. Após oito anos assediados pelo inimigo, estão os troianos apreciando as condições de paz dos gregos: a devolução de Helena, raptada por Páris. Seu irmão Heitor concorda com os termos, pois julga que Helena não seja digna de tantos sacrifícios, mas Tróilo, Páris e Heleno não concordam. Vejamos o diálogo:

Heitor: Irmão, ela não vale o que custará para conservá-la.

Tróilo: O valor de um objeto não é aquele que lhe é dado?

Heitor: O valor não depende de uma vontade particular; seu mérito e sua importância provêm tanto de seu preço intrínseco quanto da avaliação do apreciador. Fazer o culto maior que o deus é louca idolatria e a paixão delira quando atribui qualidades de que é fanática a um objeto que não tem nem sombra desse mérito apreciado.

Tróilo: Vale a pena que fiquemos com ela? Certamente, pois trata-se de uma pérola cujo preço fez com que lançassem mais de mil barcos ao mar, transformando reis coroados em comerciantes. Oh! Vilíssimo roubo! Roubar o que temos medo de conservar! Ladrões indignos daquilo que roubamos!

Na mesma cena, Tróilo explica que vai se casar: *Vou casar-me hoje e minha escolha foi dirigida pela minha vontade: minha vontade foi inflamada por meus olhos e meus ouvidos, pilotos habituais entre as perigosas margens que separam a paixão do juízo.*

Ao explicar porque se casaria, Tróilo já antecipava o que iríamos elaborar e estudar sobre o *comportamento do consumidor*. Conhecer o marketing é aprender para evitar riscos e, mesmo conhecendo muito bem o marketing, corre-se o risco de uma incorreta definição ou má avaliação estratégica. A IBM, uma das melhores empresas no entendimento e aplicação do marketing, veio a nos proporcionar um caso clássico:

"Mas... afinal, para que serve isso?" foi o que disse um investigador da IBM em 1968 referindo-se ao *microchip*. Foi por esse deslize de visão que a IBM cometeu o terrível erro de avaliação quanto ao microcomputador que, ironicamente, virou "PC" (*personal computer*), nome atribuído por ela. Várias décadas se passaram e ainda sente o peso do erro estratégico.

O Marketing é fundamental para manter e reforçar as vendas, está entre as mais importantes disciplinas de administração e negócios. Por esta razão sugerimos cuidar dos negócios e reforçar as receitas com todas as técnicas e estratégias de marketing, entendendo o seu significado, compreendendo o seu poder, estudando o seu genoma, dissecando o seu DNA e capacidade de potencializar seus resultados.

Contratar um serviço 0800, ter um site bonito, aparecer em revistas e jornais, colar cartazes "O cliente tem sempre razão", distribuir brindes de Natal, etc. são braços, pernas, estômago, partes de um corpo necessárias para a construção de uma empresa. Para que haja vida há que ser total, uno, ter alma...

O conceito de valor, apresentado por Shakespeare, a importância da marca, a reputação organizacional, o conhecimento estratégico e as decisões que fazem a diferença, as inovações para o mercado, a comunicação planejada, o tratamento das crises de imagem, o monitoramento da concorrência, a busca e formação do lucro, a referência nas melhores práticas e o comportamento do seu cliente, um ser humano que "inflamado por meus olhos e meus ouvidos, pilotos habituais entre as perigosas margens que separam a paixão do juízo". Tudo isso compõe o riquíssimo mundo do *marketing*.

Eu o convido para, juntos, aprendermos e viajarmos por estes emocionantes temas...

Introdução

Há dois tipos de empresas:
As que mudam e as que desaparecem...
Há três tipos de organização:

- A que se espanta com o que aconteceu – deslumbrada
- A que observa as coisas acontecerem – passiva
- *A que faz as coisas acontecerem – ativa*

O surgimento, nos últimos anos, de vários produtos que, por sua vez, provocaram uma série de serviços que não existiam, pode nos levar a pensar que a mudança é um privilégio das últimas gerações, o que não é verdade. O que tem havido é um desenvolvimento acelerado de novos produtos, criados a partir da evolução tecnológica, provocando mudanças no comportamento do consumidor e nos vários segmentos de mercado.

O Marketing tem procurado monitorar e fazer a gestão dessas mudanças, via de regra provocadas por ele próprio, no sentido de gerar lucros para os negócios enquanto satisfaz desejos e necessidades da sociedade.

Vejamos um exemplo recente, inconcebível de ocorrer no século passado devido às grandezas envolvidas. Trata-se da famosa empresa YouTube, pertencente ao Grupo Google. Esta empresa não existia até o início dos anos 2000, sendo criada em 2005 por Steve Chen e Chad Hurley, ilustres desconhecidos até então. Pouco mais de um ano depois, esse empreendimento foi vendido ao Google pelo valor de U$1,65 bilhão e recebe mais de um bilhão de visitas por mês, tornando-se mais um impressionante sucesso da internet. Veja bem, não é a empresa que vai atrás das pessoas, mas são as pessoas que procuram o site, levados pelo *boca a boca*. Algo inacreditável há vinte anos, mas perfeitamente viável hoje em dia...

Este é o importante papel exercido por essa ciência, relativamente nova, que estabeleceu uma sólida parceria com vendas, economia e gestão visando preencher essas necessidades e desejos utilizando com parcimônia, por escassos, os recursos existentes. Os resultados são flagrantes conforme vimos na lista acima.

Para continuar cumprindo seu papel de gerar prosperidade crescente, reiteramos, as empresas precisam estar conectadas ao seu mercado, ao comportamento dos clientes, desenvolvimento das tecnologias e plataformas sociais, movimento dos concorrentes, inovações atreladas ao seu negócio, à economia, às políticas públicas, etc. Tudo muda e, pela teoria do caos[1], qualquer movimento irá, mais cedo ou mais tarde e de um jeito ou de outro, influenciar o seu negócio!

---

[1] A teoria do caos revelou aos cientistas e pensadores a existência de ordem e padrão em sistemas que lhes pareciam sempre aleatórios e imprevisíveis.

PARTE 1

DOBRE SUAS RECEITAS COM DICAS PODEROSAS DE MARKETING E ESTRATÉGIA

1. O que é o Marketing?

Marketing não é apenas fazer propaganda...

É comum as pessoas confundirem propaganda e publicidade, ações de comunicação e promoções, com o marketing. As atividades de comunicação são, na verdade, uma pequena parte do marketing.

Peter Drucker, num dos seus muitos momentos de brilhantismo, sintetizou toda a amplitude do marketing ao dizer que "*O objetivo do marketing é tornar supérfluo o esforço de vender*".

Peter Drucker, com a competência adquirida nos quase 70 anos que contribuiu com a teoria de administração, afirma que, se o marketing cumprir com os seus pressupostos, o ato de vender será uma consequência natural. Realmente, se o cliente deseja um produto e o encontra no local que prefere, com o preço que entende ser o justo, na embalagem, cor, qualidade, peso e assistência que gostaria, não será difícil convencê-lo a adquirir o produto ou, em outras palavras, seu processo de decisão de compra será facilitado, mais confortável.

Para que isto aconteça, o marquetólogo, sempre buscando manter e expandir as receitas, deverá garimpar as necessidades e os desejos não atendidos, fornecendo estímulos e soluções satisfatórias. Na realidade, o marketing começa antes mesmo da concepção do produto. A venda só ocorre depois de um longo processo que antecede a fabricação do produto ou preparação do serviço.

Os gastos do marketing devem ser considerados investimentos, não despesas, na medida em que são ações destinadas a ampliar a produção e receitas, a partir do crescimento da demanda. Importante frisar que o marketing é um ampliador da demanda, tanto no curto quanto no longo prazo. Em casos extremos, há situações onde se faz necessário reprimir a demanda, então usamos o "demarketing", termo utilizado quando o objetivo é provocar a diminuição de uma demanda não desejada. Não é incomum uma campanha de marketing causar uma demanda maior que a esperada. Quando não é possível atender à demanda provocada podem-se usar maneiras de diminuí-la, como retirar a campanha do ar ou reduzir o tempo de mídia. Isso deve ser feito para não deixar o cliente frustrado, tanto pelo fato de não encontrar o produto, quanto pelo atendimento de má qualidade que poderá ser causado pelo excesso de demanda.

1.1 Marketing não é apenas um departamento ou Diretoria

Marketing é importante demais para ter limites físicos, lógicos ou virtuais. A essência do marketing precisa fazer parte do modo de pensar e agir, da cultura organizacional. Todos os departamentos devem estar sintonizados com o objetivo de entender e satisfazer aos clientes, dentro dos critérios de lucratividade impostos pelo negócio, contribuindo para a formação de valor a mercado. Contador, porteiro, telefonista, secretária, funcionários e diretores de todas as áreas, enfim, toda a empresa deve saber quais são os produtos, serviços, promessas de marca e diferenciais ofertados pela organização, para compreender de que maneira pode contribuir para orientar e atender bem ao cliente. Mas isso é pouco! Os vários parceiros do negócio podem estar também comprometidos, desde que haja um trabalho neste sentido, a contribuir com esta corrente de agradar e superar as expectativas dos clientes. Nesse grupo incluímos os fornecedores, terceirizados, distribuidores, órgãos públicos, ONG's, consultores, agências nacionais e internacionais, etc. Toda a organização deve conter o "espírito" de marketing.

"Com o foco no cliente o espírito do mercado é atraído para dentro da organização, onde será assimilado e trabalhado, produzindo modificações e implementações que, retornando ao mercado, atenderão às suas expectativas". (Hemmee G. Jotha)

1.2 Uma definição de MARKETING

Marketing é um processo social e gerencial pelo qual indivíduos e grupos obtêm o que necessitam e desejam através da criação, oferta e troca de produtos de valor com outros. (Philip Kotler)

Em termos práticos, Marketing é o processo de criação, comunicação e entrega de valor aos clientes, por meio dos produtos, serviços e experiências relacionadas à marca, de forma consistente e com lucro!

"Dreamketing"

Existe um excesso de oferta de produtos e serviços diferenciados, isso é fato! Para sair da vala comum, tem-se que ir além do mero atendimento das necessidades dos clientes. A Ferrari não vende carros, mas liberdade proporcionada pela ilusão causada pela velocidade que proporciona. Já a Volvo vende segurança ao dirigir, enquanto o Ritz posiciona-se como um palácio de esplendor e refinamento. O "marketing dos sonhos", defendido por Gian Luigi Longinotti-Buitoni, deve induzir estados de espírito, postula que a diferenciação, para ter sucesso, deve interpretar e materializar os desejos mais profundos dos clientes, seus sonhos. Parte do pressuposto que as empresas vendem sonhos, um mundo ideal, sendo os produtos e serviços apenas um meio de estimular os desejos mais profundos do consumidor. Os sonhos não são objetos específicos, mas estados de espírito, sendo assim os produtos de sucesso devem inspirar sonhos! Uma coroa transcende o objeto em si para despertar o desejo de reinar. A marca Nike, mais que calçados, é uma declaração de um estilo. O viagra, mais que uma pílula, é uma realização de poder e confiança na performance sexual...

Descobrir os sonhos dos consumidores e apelar para a paixão, atraindo-os para a empresa, é o princípio do *dreamketing*. Segundo Buitoni existem três sonhos principais:

Reconhecimento social: atrair a atenção e o respeito dos demais.

Liberdade: transcender as limitações.

Heroísmo: identificar-se com personagens muito admirados.

Como você e a sua empresa estão aproveitando esse tema, essa oportunidade para alavancar as receitas? Pense a respeito e desenvolva ações nesse sentido.

Composto de marketing

Descreve o conjunto de ferramentas que a gerência de marketing tem à sua disposição para atuar e aumentar as vendas. Combinação única de variáveis controláveis que uma empresa oferece aos seus consumidores, também conhecida por Marketing Mix ou os 4 Ps: preço, praça, produto, promoção (ver Mix de Marketing, página 26).

Esta é uma visão do *vendedor* e não do cliente. Robert Lauterborn sugeriu que se trabalhasse com os 4 Cs (cliente, custo, comunicação, conveniência), utilizando assim a *visão do cliente* (ver Os 4 Cs, página 29).

É possível atuar na composição dos 4 Ps e 4Cs para se obter um aumento das vendas! Você pode por exemplo aumentar suas promoções, aumentar a comunicação direcionada sobre as maiores conveniências dos seus produtos ou serviços e diminuir seus preços, influenciando as vendas. Pode também aumentar gastos com publicidade e propaganda, aumentar seletivamente os preços e estimular o crescimento das vendas. É possível várias combinações com os 4 Ps e 4Cs no sentido de atender os objetivos do marketing e dobrar suas receitas.

Algumas considerações sobre os quatros Ps e 4Cs:

- Há uma sinergia entre eles. Se você tem um bom produto e melhora seu ponto de venda, aumentando a conveniência e os custos de deslocamento para os clientes, o resultado pode sofrer uma influência significativa. Por exemplo, se ao seu *produto* você atribui o valor de 1 e ao *ponto* também o valor 1, caso melhore o seu *ponto* passando para 2, o resultado final poderá ser maior que 3...
- Dependendo do estágio de vida de um produto ou serviço, os Ps e Cs poderão ser utilizados de forma mais ou menos dinâmica. No lançamento de um produto, a importância da propaganda e publicidade é inquestionável para que o consumidor seja atraído por algo inda desconhecido. As promoções de vendas podem ser usadas quando o produto sofre uma concorrência direta e também durante a maturidade do produto. Na fase de declínio das vendas, por exaustão relacionada ao produto ou serviço, deve-se diminuir os investimentos em *propaganda* e *publicidade*, mas aumentar as *promoções* direcionadas para "clientes conservadores".

IMPORTANTE: **O *mix* de marketing** deve ser gerenciado de maneira integrada, para que se possa obter os melhores resultados. Em muitas empresas os elementos do *mix* de marketing estão em áreas diferentes, dificultando a integração. Não cometa esse equívoco! Por exemplo, o departamento de marketing de uma companhia aérea pode sentir a necessidade de melhorar o nível de atendimento dos seus funcionários durante o voo, por meio de um treinamento específico, mas esta área pode estar em outro departamento...

Lembre-se sempre que o composto de marketing, ou *Marketing Mix* (4Ps, 4Cs, etc.) tem o objetivo de conhecer os desejos dos consumidores e influenciá-los, proporcionando o máximo de satisfação na aquisição e experimentação do seu produto ou serviço.

2. O Ambiente do Marketing

O ambiente do marketing, ou meio externo, é representado pelo conjunto de todos os fatores que possam influir em suas operações. Observamos que a internacionalização da economia tem alargado as fronteiras desse ambiente e tornado complexo o seu entendimento.

2.1 Tendências do consumo nos próximos anos

Abaixo estão os principais tópicos sobre tendências do consumo para o século XXI, retirados de vários estudos atuais sobre o tema. Identifique quais impactam mais os seus negócios, crie planos de ação para aproveitar as oportunidades e se defender das ameaças.

- O investimento em lazer e cuidados pessoais tende a crescer, principalmente com o aumento da longevidade e a satisfação das necessidades básicas tradicionais (moradia, saúde, alimentação).
- Continuará a queda de preços dos produtos básicos, com o barateamento progressivo dos alimentos industrializados, possibilitando o consumo de bens antes inacessíveis para a parcela mais carente da população.
- A demanda por mão-de-obra qualificada e a competitividade de mercado aumentam cada vez mais os gastos com educação.
- Entretenimento, turismo e construção civil estão cada vez mais se preocupando com um consumo mais individualizado (para ser desfrutado sozinho) e de mais alto padrão.

- A composição da comida sofrerá cada vez mais mudanças, em razão das pressões ambientalistas. Crescerá a valorização dos produtos menos industrializados, como os orgânicos.
- Os jovens vivem por mais tempo na casa dos pais a fim de estudar mais e se preparar para a vida adulta. Sempre que possível consomem produtos típicos de sua faixa etária como viagens, carros e diversão em geral.
- Com a ajuda da tecnologia, ocorre um aumento da segmentação individualizada de produtos e serviços, mais direcionada às necessidades de uma única pessoa, ou de grupos de pessoas com características muito parecidas.
- Aumento das vendas pela internet: sites específicos e redes sociais.
- Cresce o consumo de produtos especiais e serviços de lazer para pessoas com mais de 65 anos.
- Aumento da quantidade de casais que optam por não ter filhos, héteros ou homo afetivos, com potencial de renda voltado para cultura, artes e lazer.

2.2. Conceitos Básicos do Marketing

Mercado

Inicialmente, o mercado era um lugar físico, onde comerciantes e compradores se reuniam para a comercialização (a troca) de seus produtos. Ainda hoje, nas pequenas cidades do interior, é comum a existência deste lugar. Em capitais como Belo Horizonte (MG) e Belém (PA), por exemplo, temos "Os Mercados" que, pela variedade de bens comercializados, sua beleza e o colorido dos produtos, tornaram-se pontos de atração turística.

De modo geral, mercado é o lugar onde compradores e vendedores se encontram, onde os produtos são oferecidos para a venda e as transferências de posse ocorrem. Pode ser considerado também como a *demanda* de certo grupo de compradores, em potencial, por um determinado produto ou serviço.

Hoje o *mercado* transcende o local físico e pode existir em qualquer lugar, inclusive virtual, como o ambiente web. Enquanto existir compradores e vendedores interessados no processo de troca de seus produtos e serviços, haverá um mercado. Uma característica dos mercados é a rapidez de suas mudanças. As empresas devem estar sempre atentas a isso, efetuando pesquisas e identificando as mudanças que, eventualmente, poderão ser ameaças ou oportunidades aos seus negócios. Fique atento!

Algumas características típicas do mercado:

"Local" onde estará o provável consumidor;

Este consumidor precisa desejar o nosso produto;

Têm características e necessidades que precisam ser atendidas;

O consumidor está disposto a pagar um preço para ser atendido;

Pode ser segmentado em região geográfica, classe social, tipo de profissional, faixa etária, etc. (ver Segmentação, página 93).

À delimitação mais ampla de mercado chamamos *mercado de massa* e, no outro extremo temos o mercado "1 a 1" (ver O Marketing "Um a Um", página 86).

Produto

Em marketing, o termo "produto" não se restringe a algo físico, tangível. Cada vez mais, o marketing trabalha com "serviços" e, inclusive, há a tendência de ampliar o produto físico acrescentando serviços, tornando-o mais amplo (ver Produto Ampliado, página 88). Ao ajudar o cliente a usar seu produto, usufruindo de tudo o que ele pode oferecer, você pode ainda acrescentar um serviço que tornará seu produto diferente, ou seja, mais difícil de ser substituído.

Algumas redes de hotéis oferecem diversas marcas com preços e características diferentes para atender vários tipos de mercados, isto é, oferecem produtos diferentes. Há alguns anos, foi desenvolvido um produto turístico no Rio de Janeiro para explorar o charme histórico do tradicional bairro de Santa Teresa, oferecendo atrativos no local, além de hospedagem e alimentação nas casas residenciais. Existiam cinco opções de preço, desde o mais sofisticado até um produto com hospedagem em casas mais simples e custo menor. A região era delimitada e segura, reduzindo a insegurança e violência, fraquezas preocupantes do Rio de Janeiro naquela época. Foi desenvolvido um *folder* colorido, em inglês e português, destacando todas as características do produto e inserindo a região no contexto histórico e tradicional do Rio. Assim procede a indústria automobilística, eletrônica, etc. Os vários modelos de veículos são desenvolvidos após um exaustivo estudo e pesquisa de mercado. Para cada segmento é desenhado um veículo com as características desejadas. O modelo 1.000, mais barato e compacto, preenche as necessidades de jovens casais, estudantes e indivíduos com menor poder aquisitivo

Lembre-se sempre que não é necessariamente o melhor produto que vende, mas o mais bem comercializado! As empresas não foram feitas para colecionar produtos, mas para vendê-los bem e cada vez mais.

Veremos abaixo dois conceitos, baseado em ideias distintas, sobre produtos. Veremos a visão do economista e a do administrador e mostraremos que o marketing faz a junção desses conceitos.

Visão do Economista

A empresa tem como propósito único *produzir e distribuir* algo de *valor econômico*. Este *algo* é chamado em economia de *bem social* e é necessário que tenha *utilidade*.

Visão do Administrador

Na visão do administrador o papel da empresa é o de produzir, principalmente, no sentido de tornar rentável uma *área de oportunidades* de *marketing*. Para o administrador o sentido da produção é obter lucro, para ser mais objetivo.

Confluência das Visões

Haverá uma identidade entre as, aparentemente conflitantes, visões do economista e do administrador, ao reconhecerem que os lucros fluirão através da provisão de produtos que atendam às *necessidades e desejos* dos consumidores, tendo *utilidade* e constituindo um *bem social*. Este é o papel do marketing, caro leitor! Criar valor para o seu cliente. Oferecer ao mercado o que ele precise e deseje, pois só assim virá o lucro.

Nesse sentido, o processo de marketing deve criar quatro tipos de *utilidades*, também conhecidas como *pacote de utilidades*:

Utilidade de Forma

Satisfação obtida através das características físicas do produto: forma, função, estilo, cor, etc.

Utilidade de Tempo

A aquisição de um bem carece de ocorrer no momento ideal. Quando vamos adquirir um sapato desejamos encontrá-lo no momento em que necessitamos dele sem muito trabalho de procura, em que o *tempo* é uma utilidade que compõe o produto.

Utilidade de Lugar

Além do tempo e da forma, deseja-se encontrar o produto o mais próximo ou no local mais adequado para a sua aquisição, físico ou virtual.

Utilidade de Posse

Finalmente, deseja-se adquirir o produto, poder pagar por ele e ter a sua posse.

Todo este trabalho, de preencher os desejos do cliente e oferecer utilidade em suas aquisições, se dá quando a organização reza na cartilha do conceito de marketing: ênfase no mercado e orientação para o cliente. O marketing integrado, que considera a harmonização de todas as atividades empresariais através de um planejamento total e sua execução, é socialmente necessário, fazendo a junção da visão do economista e do administrador.

Demanda

A demanda é o montante de bens que pode ser absorvido em um mercado selecionado. A *demanda* é derivada do comportamento do consumidor.

No século XVIII, Adam Smith, conhecido como o pai do liberalismo, esboçou a lei da oferta e procura. Naquela época, os mercados eram simples e a quantidade de produtos restrita. Para ele, *demanda* era a quantidade de determinado produto, normalmente uma *commodity*[2], que os compradores estariam dispostos a comprar por um determinado preço. Sob este enfoque, o preço e a participação no mercado seriam os fatores básicos para vencer a concorrência.

A demanda, no entanto, é um fenômeno muito mais complexo. A demanda depende da necessidade ou desejo dos consumidores e suas características, a disponibilidade de produtos substitutos e seus respectivos preços, a renda do consumidor, os canais de distribuição preferidos, a disponibilidade de crédito, a conveniência de comprar aquele produto e, ainda, a expectativa do consumidor em relação ao crescimento econômico.

---

[2] Normalmente refere-se a um produto primário com grande participação no comércio internacional, como café, algodão, minério de ferro, etc. Mas já estamos nos referindo a vários produtos, como componentes eletrônicos e certos tipos de chips como commodities, pois estão se tornando comuns e com pouca diferenciação.

A economia está ciente dessas influências, mas não lhes dá a devida importância em relação ao preço quando, na prática, são tão ou mais importantes na escolha do cliente que o preço.

Na economia global, com o acelerado fluxo de informações nas mais variadas formas e as contínuas mudanças tecnológicas, a demanda tornou-se altamente dinâmica, acompanhando o desenfreado surgimento de novos produtos e serviços. A recente ascensão e queda de muitas empresas da Internet confirmam as bruscas e catastróficas mudanças.

2.3 Itens importantes: necessidade, desejo, satisfação e encantamento

"O que uma geração vê como luxo, a próxima pode ver como necessidade".
Anthony Crosland (1918-1977)

Necessidade

Faz parte da condição humana. Relacionada a situações de privação. Algo que carecemos para nosso bem-estar físico ou psicológico. Itens essenciais.

Podem ser:

Físicas básicas: alimentação, vestuário, habitação, segurança.

Sociais: afeto e sensação de pertencimento.

Individuais: conhecimento e auto realização.

Quando as necessidades são particularizadas, tomam o corpo de uma cultura e pela personalidade do indivíduo torna-se um desejo.

Desejo

Aspiração humana diante de algo que corresponda ou supere o esperado, que toca os sentidos psíquicos e não apenas os físicos.

Desejo é menos crítico que uma necessidade.

Satisfação (ou "marketing de resposta"):

Advém das facetas funcionais e psicológicas de um bem ou serviço. Um preenchimento de necessidades e desejos. O Marketing existe por seu realce em satisfação. O carro, por exemplo, nos transmite uma sensação de conforto e proteção. Nosso reinado: ar condicionado, som, marca, bancos de couro, ambiente integrado, tecnologia, vidros escuros, blindagem. Observe como os últimos itens já refletem outras preocupações sociais: a irradiação solar e a segurança, compondo um produto cujo *núcleo* é o transporte. Esse núcleo vai tornando-se cada vez menos importante. Ver Figura 5, página 90.

Pagamentos com comodidade e segurança (Internet, telefone etc.) somam as experiências relacionadas aos serviços prestados pelos bancos. Uma agência de viagens que oferece pacotes turísticos completos, em que o cliente pode se dedicar integralmente à atividade escolhida ou mesmo hotéis que possuem apartamentos, serviços, diversão e passeios adequados ao perfil do hóspede, também são bons exemplos do completo atendimento das necessidades e desejos do consumidor.

Veja que, ao serem identificados os serviços e produtos que o cliente-alvo deseja e lhe dará prazer, a empresa estará trabalhando no sentido de preencher e realizar seus sonhos e desejos. O fornecedor "responde" aos anseios dos clientes com serviços adequados. Muito bom, correto? Pois bem, trabalhe nesse sentido para aumentar as suas vendas e garantir que fará um trabalho melhor que os seus concorrentes!

Encantamento

Consiste em oferecer, disponibilizar mais que a expectativa do cliente. Encantar o cliente significa ir além do convencional, além do que ele está acostumado a receber dos concorrentes e empresas similares à sua.

Encantar realizando, por exemplo, o sonho com as origens e o contato com a natureza: hotéis-fazenda completos, produtos sem agrotóxicos, safári fotográfico.

Encantar pela eliminação de alimentos gordos e aumento da beleza: pesquisas de medicamentos para reduzir colesterol, neutralizadores de gordura, aceleradores do metabolismo, etc.

Os 4 Ps - Mix de Marketing

Também conhecido como "composto de marketing", que é a combinação única de variáveis controláveis que uma empresa oferece aos seus consumidores: produto, preço, promoção e praça ou ponto (canal de distribuição). Originam-se, respectivamente, do inglês *product, price, promotion* e *place.*

O conceito dos 4 Ps representa o ponto de vista do vendedor, estando o cliente no centro de tudo.

Produto

Qualquer coisa que pode ser ofertada a um mercado para aquisição, utilização ou consumo e que satisfaça desejos e necessidades.

O produto, quando se trata do marketing, não é o que ele é, mas o que faz. O marketing pensa no produto em termos dos seus benefícios e valores ao cliente alvo.

Preço

Quantidade de dinheiro necessária para a aquisição de um bem ou serviço. Deve ser projetado de modo a proporcionar lucro à empresa.

Praça (Ponto)

É o canal para chegar ao consumidor final do seu produto.

No caso do negócio "restaurante", o ponto apresenta características, no mínimo, interessantes. Podemos dizer que, enquanto o local onde funciona o restaurante é tangível, por ser um imóvel com cores, mesas, etc., o ponto é intangível, por ser um recurso que apresenta outras características tais como localização, adequação ao público, mudança no tempo à medida que se alteram os gostos do público-alvo, etc. Ponto é um conceito composto por um conjunto de variáveis que deverão ser continuamente avaliadas pela administração, devendo se adequar à ideia construída para o negócio. Dessa ideia ou conceito fazem parte o cardápio, a localização, o segmento a ser atendido, o nível/padrão do serviço, a faixa de preços, os sistemas tecnológicos invisíveis.

Para Abílio Diniz, fundador do grupo Pão de Açúcar, "Fatores como uma loja estar de um lado da rua ou de outro parecem ser pouco importantes, mas contam muito no fato de venderem mais ou menos".

Para a rede Mc Donald´s, o ponto é fundamental tanto para a venda dos seus produtos, em razão dos fluxos de gente e facilidades de acesso, quanto pela valorização imobiliária potencial e influenciada pela própria marca. O Mc Donald´s ganha tanto com a venda de fast food quanto com a valorização dos seus imóveis.

Promoção

São atividades do composto promocional/comunicação (propaganda, relações públicas, venda pessoal, marketing direto) que buscam dar visibilidade às ofertas da empresa para estimular as vendas. A promoção também serve como reforço temporário para aumentar o interesse na aquisição de um produto ou serviço por meio da oferta de valores superiores aos normalmente envolvidos nesse tipo de aquisição: incluem descontos temporários, bônus, ofertas especiais, concursos, sorteios, etc.

Os avanços tecnológicos criam novas e interessantes oportunidades para o "P" de promoção:

- Tecnologias acessíveis para transmissão de voz e dados, possibilitando que o atendimento aos clientes e serviços digitais ocorram online.
- Smart TV, que permite ao consumidor interagir com o fornecedor durante uma propaganda e utilizar o aparelho como um computador.
- GPS e aplicativos integrados, que transformam os aparelhos em instrumentos inteligentes e interativos capazes de prover serviços e aumentar a divulgação direcionada das empresas.
- A convergência e conectividade em que câmeras, celulares, computadores e outros aparelhos permitem a conexão de equipamentos sem a necessidade de cabos e fios, independentes do local e tornando o mundo uma esfera integrada.
- Finalmente, o dinheiro digital que, entre várias facilidades, permite o pagamento por meio de dispositivos móveis.

Com a Internet das Coisas, a utilização conjunta das tecnologias disponíveis permite que nossa geladeira, por exemplo, providencie, no estabelecimento cadastrado, a aquisição de uma margarina, na marca desejada, antes que acabe.

2.4 Um exemplo dos 4 Ps

Considere uma empresa que produza sandálias e que tem atendido, até então, senhoras que procuram um calçado resistente e confortável. A empresa resolve então estender seu produto para jovens garotas na faixa de 12 a 17 anos, criando a marca *Beauty Teen*. Usando a mesma linha de produção, desenvolve um pequeno adereço e mais duas cores apreciadas pelo novo segmento jovem, alterando o seu produto. Identifica o site "Mundo Teen" e o canal de televisão MTV como aqueles vistos pelo público jovem, para fazer a divulgação das sandálias. Observa que as garotas estão sempre nos shoppings e acerta a exposição dos produtos com algumas redes de sapatarias femininas e lojas instaladas nesses shoppings. Em vez das tradicionais caixas de sapato, desenvolve uma embalagem colorida, num saco plástico emborrachado e de cores alegres que darão orgulho às jovens ao adquirir o produto, postando fotos nas redes sociais e desfilando pelo shopping com a embalagem. Para compensar os investimentos e o aumento dos custos, entendeu que seria possível um preço superior de 15%, comparado ao segmento tradicional.

Esse é um exemplo simples de como se pode alterar o "pacote de valores" adequando-o a um novo segmento. Configura-se então um novo produto, no conceito do composto de marketing, mesmo que a sandália seja praticamente a mesma! Entender bem, para atender melhor e vender ainda mais! Tenha sempre esta frase em mente e aja para potencializar suas receitas usando todo esse arsenal de marketing.

2.5 Os 4 Cs

Cliente (*customer value)*

Nesse modelo de gestão, a empresa complementa o foco do produto com o do cliente, completando de forma brilhante os 4Ps. O produto passa também a ser conceituado a partir do seu valor para o consumidor, causando uma evolução na gerência de marketing e nas atividades da empresa como um todo.

Por exemplo, quando se pensa também no aluno como cliente haverá uma conceituação mais poderosa e complementar ao entendimento de que os clientes são apenas os pais, que escolhem o colégio mais adequado e efetuam o pagamento das mensalidades, aquisição de material, linha didática, etc.

Custo (*cost)*

O preço também é visto como um custo correspondente para o consumidor. Sempre pensando sob a ótica do cliente.

Conveniência (*convenience*)

Quando o termo "local", que se refere ao ponto de venda em que será disponibilizado o produto, é complementado pelo ideia de "conveniência", estaremos escolhendo locais de melhor acesso ao cliente ou, em outras palavras, que lhe sejam mais confortáveis, acessíveis e práticos.

Comunicação (*communication*)

A comunicação implica a participação do cliente, pois é a parte mais importante ao receber e ser impactado pela mensagem. Por meio da comunicação, a empresa também auxilia na influenciação e aprendizado do seu mercado. Mudanças no mix de marketing serão processadas e comunicadas ao mercado, sempre no sentido de tornar interessante a participação ativa do consumidor. É a parte mais visível do mix e inclui propaganda tradicional, propaganda específica via Internet, mala direta, ações digitais, *merchandising*, vendas diretas e de massa, *folders*, redes sociais, influenciadores, etc.

3. Marketing de Serviços

O setor de serviços vem se destacando nos negócios há bastante tempo, em especial a partir da década de 1990, pois não se pode produzir algo sem que seja agregado algum serviço, seja no seu consumo ou na sua comercialização. Por essa razão, o marketing de serviços torna-se cada vez mais importante! Em princípio, as leis do marketing valem tanto para produtos quanto para serviços. No entanto, existem certas peculiaridades dos serviços que merecem um tratamento à parte e que trataremos neste capítulo.

Teodore Levitt considera praticamente impossível a existência de empresas produtoras de bens que não estejam prestando serviços também. Afirma que "Esse negócio de *commodities* não existe". O *serviço* pode ser definido como qualquer ato ou desempenho, essencialmente intangível, que uma parte pode oferecer a outra e que não resulta na propriedade de nada, podendo estar ou não vinculado a um produto concreto.

Observa-se a dificuldade de se definir serviço, pois na maioria das vezes fazem parte de algum bem e são vendidos com ele. Um computador com a instalação e assistência técnica, um restaurante com o prato e o atendimento, uma viagem turística com o transporte (avião, ônibus, trem, etc.), o atendimento, o acompanhamento, o guia, etc.

Importante você fazer uma lista dos serviços que acompanham os seus produtos, compará-los com os dos seus concorrentes e avaliar em quais a sua empresa se destaca, aprimorando-os, criando novos e reforçando aqueles onde há um desempenho ruim.

3.1 Fatores que influenciam os serviços

A intensa competitividade e o aumento da globalização têm levado as empresas a buscarem novas maneiras de permanecerem nos negócios, com lucro. Os serviços, cada vez mais exigidos à medida que a sociedade torna-se mais afluente, mais rica, tem sido a fonte onde as organizações procuram novas maneiras de se tornarem diferentes. Lembrando que ser diferente onde realmente causa impacto e inovar permanentemente são regras de sobrevivência nos negócios.

Quando a empresa opta pela prestação de serviços e o coloca como o foco da organização, procura diferenciar-se da concorrência. O marketing de serviços tem passado por várias implementações, estudando novos conceitos visando atender essa grande demanda por serviços. O marketing nasceu para a indústria, trabalhando no sentido de desenvolver maneiras de enriquecer empresas que produziam coisas tangíveis. Constantemente, precisa-se evoluir e se adequar aos intangíveis.

Veremos a seguir os fatores que influenciam os serviços:

Gerenciamento focado em serviços

A prestação de serviços é o foco da organização. O marketing de serviços é adotado como uma maneira objetiva de diferenciar a empresa da sua concorrência. Os produtos podem mudar, mas os relacionamentos devem permanecer. No passado, os clientes dos videocassetes da marca Toshiba mudaram para os DVD´s, mas, se havia um bom relacionamento com o fabricante, continuaram com a mesma marca.

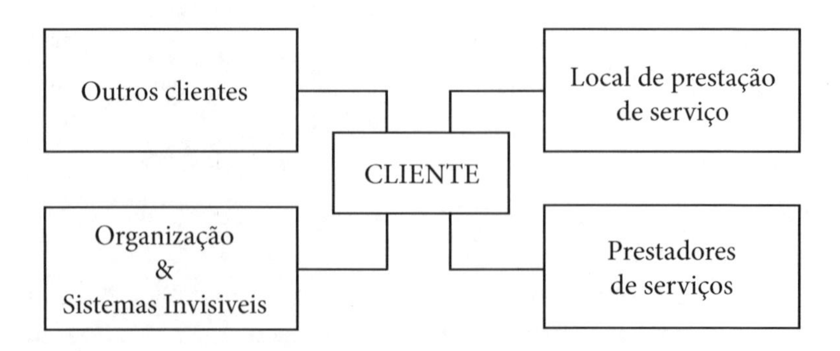

Figura 1: Adaptação do autor.

- A ênfase deve ser dada ao recrutamento e treinamento do pessoal;
- Procurar um sistema de remuneração que privilegie o desempenho de cada /nível da empresa;
- Reconhece os benefícios dos programas de treinamento;
- Todos os produtos e serviços devem entregar pacotes de benefícios que foram identificados como desejados pelo segmento de clientes atendido.

Uma das primeiras mudanças numa empresa que pretende adotar estratégias de serviços é a ênfase no recrutamento e treinamento do pessoal, um sistema de remuneração ligado ao desempenho de cada nível da empresa, adoção dos benefícios de programas de treinamento e a aceitação de que todos os produtos e serviços entregam um pacote de benefícios.

Local de prestação do serviço

É definido como as evidências físicas usadas para criar o ambiente dos serviços, tais como:

Condições ambientais (temperatura, música)

Há que se definir, sempre visando o segmento escolhido, as melhores condições para tornar a experiência agradável, de preferência inesquecível.

Objetos (móveis, equipamentos comerciais)

Importante se manter a coerência com o público a ser atendido e com o posicionamento da empresa. Equipamentos obsoletos para uma empresa que se posiciona como top em tecnologia é o mesmo que alguém de smoking e de sandálias havaianas ou chapéu de palha.

Outras evidências (sinais, símbolos, apetrechos pessoais como retratos, coleções, etc.)

É cada vez mais relevante a programação visual de uma empresa. Isto implica procedimentos que mantenham a coerência entre as cores, diagramação, distribuição de móveis e equipamentos, quadros, cartazes, uniformes e/ou vestimentas. Qualquer dissonância pode causar ruídos na percepção do cliente e tornar o serviço desfocado, sem personalidade.

Por ser intangível, os serviços podem ser avaliados pelos bens tangíveis que o compõem.

É fundamental para o marketing a tarefa de procurar referências tangíveis para os serviços, por definição intangíveis. É um desafio apropriado ao marketing: "fazer milagres".

Um bom exemplo é quando um consultor elabora uma apresentação de alto nível para aconselhar um procedimento, usa um terno bem alinhado e caro, sapatos e relógio importados que referenciam o seu sucesso, coloca as folhas escritas numa bela e rica pasta, faz a entrega desse trabalho acompanhada de outros artifícios tangíveis como um pequeno livro ou objetos artísticos que destacam as sugestões apresentadas. Assim, ele está tornando tangível o seu serviço intangível. O mesmo faz um barbeiro ao rechear seu salão com objetos e adereços que agradam o seu segmento, enquanto presta o seu serviço.

Os clientes observam evidências físicas na avaliação do desempenho dos serviços.

Conforme vimos anteriormente, temos a tendência de nos apoiar em evidências físicas ao avaliar um determinado serviço.

O local agrega valor, melhora a percepção sobre o serviço reduzindo a dissonância cognitiva.

Todo o ambiente físico em que se desenrola a prestação do serviço fará parte das variáveis que serão consideradas em sua avaliação. É como o palco onde os atores expõem sua arte. (Sobre dissonância cognitiva ver Comportamento pós-compra, página 64)

Prestadores de serviços

Quem aparece nos serviços são os prestadores de serviços. É ali que as coisas acontecem. É a hora da verdade!

Ocorre onde o serviço é produzido ou onde é prestado (salão, consultório, barbearia, sal de aula, palco, aeroporto, etc.).

Outras vezes, a interação entre consumidor e prestador do serviço ocorre em casa ou no escritório (jardinagem, massagem, reparo de uma torneira, etc.).

Independentemente da localização da prestação do serviço, a interação entre consumidor e prestador de serviço é lugar comum, sendo fundamental o impacto do prestador do serviço sobre a experiência do consumidor, pois precisa fazê-lo se conectar ao que está sendo oferecido como benefício e valor.

Queixas comuns quanto aos serviços

Pesquisas recentes de grandes institutos de pesquisa e empresas de consultoria identificaram as críticas mais comuns em relação aos serviços, listadas abaixo:

- Apatia dos funcionários.
- Sentimento de rejeição por parte do cliente.
- Frieza dos atendentes (indiferentes, parecendo não se importarem com o que o cliente realmente quer).
- Ar de superioridade dos atendentes (se você é cliente, logo é idiota).
- "Robotização" (clientes são tratados como *input* em um sistema que deve ser processado).
- Excessiva referência ao "livro de regras" (atende somente pelas regras da empresa).
- Jogo de empurra (passa para outro, que procura fazer o mesmo.).

Outros clientes influenciadores

São outros clientes presentes e que influenciam os demais, onde ocorre o serviço, e podem causar impacto na experiência de um indivíduo quanto a um serviço.

A influência da presença de outros clientes pode ser positiva ou negativa, ativa ou passiva (restaurantes, linhas aéreas, consultórios). Um cliente pode ajudar outro na escolha de um produto, na especificação ou cuidado sobre determinados procedimentos, pode dar um depoimento positivo pessoal, etc. É uma atitude positiva e ativa! Mas outro cliente pode também reclamar, ser grosseiro e mal-educado, tornando o ambiente desagradável e influenciando negativamente a percepção geral sobre o serviço.

Ao atrasar para uma consulta um cliente influi, por exemplo, no atendimento aos outros clientes. Quando não é possível erradicar as possibilidades das influências negativas, pode-se tentar atenuar os impactos ruins, como administrar o tempo de espera (senhas), juntar pessoas do mesmo segmento (faixa etária) ou oferecer instalações para fumantes.

Organização e sistemas invisíveis

É a infraestrutura da empresa de serviços como: as regras de conduta, os regulamentos e os processos que impactam a experiência do serviço, mas que não são vistos pelo cliente.

Muitas vezes é o que o cliente não vê, mas que faz a diferença. Há empresas com eficientes sistemas administrativos que garantem a entrega de produtos na hora e local acertado ou providenciam uma instalação rápida. São por vezes sistemas informatizados e equipes muito bem preparadas que dão suporte aos vendedores, fazem a manutenção, a entrega e no entanto o cliente não enxerga, pois atuam "nos bastidores".

A organização e os sistemas também envolvem o componente humano, a adequada seleção e o recrutamento, as políticas de RH e o treinamento.

Características dos serviços

Os serviços possuem quatro características que demandarão programas de marketing diferenciados, ou melhor, características que influenciarão na elaboração do Plano de Marketing. São elas: intangibilidade, inseparabilidade, variabilidade e perecibilidade.

Intangibilidade

Os serviços são intangíveis, isto é, sua percepção ou entendimento foge um pouco ao racional pelo fato de não poderem ser tocados.

Os serviços não podem ser ouvidos, cheirados ou provados antes de serem adquiridos, diferentemente de um produto tangível, como um carro em que você pode fazer um *test drive* antes de sua aquisição.

Os compradores procuram sinais de qualidade antes de sua aquisição, seja nas instalações da prestadora de serviços, nas pessoas, nos equipamentos, no material e nas peças de comunicação, nos símbolos ou preços. E é por essa razão que o prestador de serviços deve administrar essas evidências, procurando dar tangibilidade ao intangível, agregando imagens concretas a ofertas abstratas. Pessoas uniformizadas, uma logomarca transmitindo uma sensação de segurança e a própria sede da empresa podem transmitir informações que visem dar tangibilidade aos serviços. Um relatório, como trabalho final de uma consultoria, é apresentado numa reunião formal, com apresentação visualmente agradável, material bem encadernado e impecável, pois esses aspectos tangíveis facilitam a percepção positiva dos clientes.

É interessante observar que no marketing de produtos ocorre o processo inverso, isto é, procura-se agregar *ideias abstratas* aos produtos tangíveis. É comum associar viagens de férias a sonhos, produtos para crianças ao amor, um automóvel ao conforto, à segurança e ao status.

Inseparabilidade

Os serviços são produzidos e consumidos simultaneamente, ao contrário de produtos que podem ser fabricados, estocados e distribuídos para serem, no futuro, consumidos. A pessoa que presta um serviço é parte dele. A presença do cliente e a interação serviço-cliente são características do marketing de serviços. Assim, podemos afirmar que tanto o prestador do serviço quanto o cliente afetam o resultado.

Num show musical o interesse em determinado "prestador do serviço" é bastante claro. Um prestador de serviço muito solicitado, como um cantor, médico, dentista, consultor ou advogado terá o preço do seu serviço aumentado em razão da limitação do seu *tempo*. O *treinamento* visa desenvolver as habilidades de um profissional para que possa fazer mais no mesmo período, ou preparar mais pessoas para contornar a limitação do tempo, como é feito em escritórios de advogados, consultores e clínicas, entre outros.

Variabilidade

A variabilidade dos serviços deve-se ao fato de que dependem de quem o executa, de onde são produzidos e de quando são fornecidos. Há médicos pacientes, outros nem tanto; dentistas muito bem preparados, outros não; motoristas habilidosos e os ruins.

Essa característica dos serviços pode ser melhorada, e as empresas o estão fazendo, por meio de pelo menos três maneiras:

i. Processos rigorosos de contratação e treinamento de pessoas.

ii. Criação de processos de execução de serviços padronizados em todos os setores da organização.

iii. Acompanhamento da satisfação do cliente por meio das reclamações, sugestões, pesquisas, *benchmarkings* (referência pelas melhores práticas) e instrumentos do marketing de relacionamento.

Perecibilidade

Os serviços não podem ser estocados. Um paciente que não possa estar presente numa consulta torna o serviço perdido, da mesma maneira que um voo que decole com poltronas vazias jamais poderá recuperar aqueles assentos.

Os problemas financeiros acarretados pela perecibilidade agravam-se quando a demanda oscila, pois obriga a empresa a se estruturar para os *picos* da demanda. Isto é comum no transporte urbano em que as transportadoras têm seus equipamentos em número suficiente para atender os clientes na hora do *rush*, deixando-os ociosos nos outros períodos e assim deixando de fazer receitas. O mesmo acontece com equipamentos turísticos, restaurantes, hotéis nas baixas e altas temporadas.

E o que fazer?

Você pode utilizar algumas estratégias de sucesso para atenuar as oscilações sazonais e aumentar muito as suas receitas, testadas com sucesso ao longo do tempo:

Em relação à demanda

i. Preços diferenciados

Estratégia comum nas prestadoras de serviços, que apresentam promoções para os períodos onde a frequência ou utilização dos serviços diminuem. Cinemas com meia-entrada nas quartas-feiras, bufês com preços mais baratos durante os dias de semana ou horários específicos, tarifas mais baixas para horários fora do pico de uso dos serviços.

ii. Aproveitamento dos períodos de baixa demanda

Pacotes para fins de semana em hotéis e pacotes turísticos em locais onde não tenham atrações turísticas.

iii. Serviços complementares

Serviços desenvolvidos para oferecer alternativas aos clientes em momentos de pico. Há restaurantes que disponibilizam um bar onde os fregueses tomam um aperitivo enquanto aguardam para serem atendidos. Os bancos contratam jovens para abordarem os clientes nas filas e conduzi-los para o atendimento devido, facilitarem o serviço ou adiantarem uma operação. Os caixas eletrônicos são úteis nos momentos de pico nas agências.

iv. Sistema de reservas

Usados habitualmente por companhias aéreas, hotéis, consultórios e restaurantes.

Em relação à oferta

i. Funcionários de meio período

Contratados para tender variações de demanda: professores, garçons, motorista, vendedores, etc.

ii. Rotinas especiais

São rotinas desenvolvidas para os momentos em que há excesso de demanda. Funcionários são deslocados para desempenhar tarefas essenciais ou ajudar nas áreas específicas em que ocorre um gargalo pelo excesso de demanda. Paramédicos auxiliam os médicos em períodos de alta demanda, calamidades, etc.

iii. Maior participação do cliente

É fundamental estimular o cliente a participar, no sentido de melhorar o fluxo dos serviços. Pacientes preenchem fichas nos consultórios, clientes embalam compras em supermercado. As companhias aéreas têm envolvido seus passageiros na limpeza de suas aeronaves, convidando-os a jogar o lixo nos sacos que são passados pelas aeromoças, para perderem menos tempo em solo e adiantarem os próximos embarques em seus voos.

3.2 Classificação dos serviços

Baseado em equipamentos

Nesse tipo de serviço, há um uso intenso de equipamentos como: lavagem automática de veículos, máquinas de venda, lavanderias *self service*, etc.

Baseado em pessoas

Aqui o que vale são as pessoas. Nesse tipo de serviço, as pessoas que o executam podem ser especialistas ou não, como o caso de um contador, piloto de avião, especialista em limpeza de casa, empacotamento num supermercado, etc.

Com presença do cliente

O serviço será prestado na presença do cliente ou mesmo nele, como os cortes de cabelo, uma cirurgia, um tratamento de pele.

Quando para a prestação do serviço é necessária a presença do cliente, é primordial o cuidado com as instalações e o atendimento. Um restaurante que recebe as pessoas para as refeições deve se preocupar com o ambiente onde ocorrerá a alimentação: luz, decoração, música, temperatura, limpeza, qualidade do pessoal de atendimento, odor do ambiente que estimule o apetite ou que não interfira nas sensações olfativas.

Sem a presença do cliente

Não é necessária a presença do cliente na execução do serviço. Por exemplo: conserto de um carro, de uma TV, análise de um balanço patrimonial.

Serviços empresariais

Aqueles serviços prestados a uma pessoa jurídica, como a manutenção de uma linha de montagem, serviços de contabilidade, consultoria e desenvolvimento de um software específico.

Serviços pessoais

Prestado a pessoas físicas como orientação de investimentos, mentoria, psicoterapia, confecção de uma roupa sob medida, manicure.

As prestadoras de serviços desenvolvem programas de marketing adequados para os serviços pessoais e empresariais, como os planos de saúde, alguns pacotes de viagens, fundos de investimento específicos, etc.

Com fins lucrativos

As empresas prestam serviços visando a obtenção de resultados financeiros positivos, portanto, visando o lucro. Dizemos que essas empresas têm fins lucrativos.

Sem fins lucrativos

Da mesma maneira que existem empresas com fins lucrativos, existem aquelas cujos fins são outros, como as ONG's, fundações, associações de classe, etc.

Serviços Públicos

São os serviços prestados por entidades públicas, órgãos das três esferas do governo e que, via de regra, não são pagos por sua utilização, o que não quer dizer que não tenham custo, como escolas públicas, postos de saúde, universidades, etc.

Serviços Privados

São prestados por empresas privadas, como barbeiros, médicos, lavanderias, oficinas mecânicas.

Em relação às ofertas do mix (conjunto) de marketing, podemos classificá-las nas seguintes categorias:

Bem tangível: constituída essencialmente de bens tangíveis sem a prestação simultânea de nenhum serviço. Exemplo: açúcar, sabão, sal, dentifrício, etc.

Bem tangível e serviços: acontece quando associamos a venda de um bem tangível a um serviço. O desenvolvimento tecnológico tem incrementado esta categoria. Ex.: veículos, computadores, telefone celular, tablets, etc. Os fornecedores desses produtos oferecem, simultaneamente, prestação de assistência técnica, entrega e instalação.

Híbrida: oferta composta tanto de bens quanto de serviços. É o caso de restaurantes, por exemplo, onde adquirimos a comida e o serviço de atendimento; postos de enfermagem, onde adquirimos uma vacina, a sua aplicação e fazemos um curativo, que consiste dos produtos mais os serviços de enfermagem.

Serviço puro: a oferta consiste em uma prestação de serviço: babysitter, psicoterapia, consulta médica, massagem.

Considera-se também a categoria serviço principal associado a bens ou serviços secundários, como no caso dos transportes aéreos, ônibus, navios, raios-X, eletrocardiograma, tomografia computadorizada, etc., onde o cliente recebe um serviço que utiliza o equipamento principal, normalmente de alto custo, e ao qual estão associados serviços e bens, como cafezinho e refeições no caso de viagens, filmes e substâncias contrastantes no caso dos exames.

Marketing Interativo

Em razão da complexidade do marketing de serviços, será necessário acrescentar aos procedimentos comuns de marketing, identificados como externos (direcionados ao cliente, ou mercado), outras ferramentas como o marketing interno, ou endomarketing (ver mais em Endomarketing, página 34), e o marketing interativo, conforme a Figura 2 abaixo. No marketing externo serão desenvolvidos os processos de determinação de preço, melhoria dos serviços, distribuição e promoção de um serviço aos clientes. Entendemos então ser o marketing interativo a junção dos instrumentos tradicionais do marketing que, por meio de uma equipe de funcionários altamente motivados, dará um atendimento especial ao cliente da empresa. Este é o famoso conceito do "Marketing Total", envolve todos os conceitos do marketing em todas as áreas da empresa.

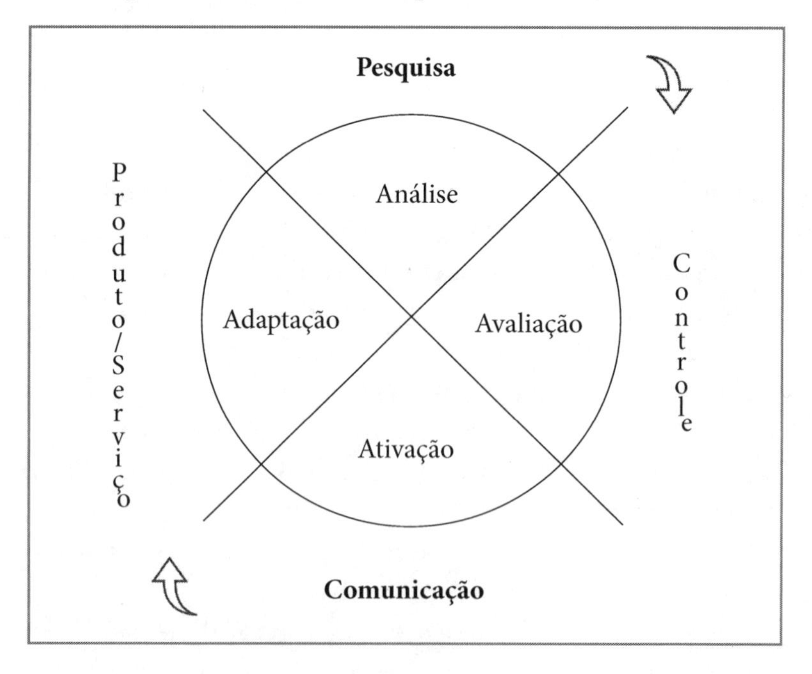

Figura 2: Adaptação do autor.

É muito importante, nessa etapa, você elaborar um entendimento dos pontos fortes e pontos fracos sobre os serviços prestados pela sua empresa ou você mesmo, comparativamente aos seus concorrentes. Faça uma lista de todos os seus serviços, converse com pelo menos 10 clientes inteligentes e peça para darem notas de 0 (mínima) a 5 (máxima) para cada um dos serviços. Logo após, peça para darem notas aos mesmos serviços, relativamente aos seus 2 ou 3 maiores concorrentes. Com essa análise fácil de fazer, você saberá onde agir para melhorar o seu nível de prestação de serviços, o que precisa criar e o que pode reduzir ou mesmo encerrar pois representam pouco valor para os seus clientes. Tenha disciplina ao implementar as ações que definir! Suas receitas aumentarão sensivelmente e você poderá ainda economizar dinheiro, investindo no que realmente faz a diferença para o seu negócio.

4. Outras Formas de Marketing

Os assuntos abaixo complementarão a abordagem sobre o marketing, contribuindo enormemente para o crescimento das suas receitas.

4.1 Um modelo funcional, ou os 4 As.

Conheça agora um outro modelo, complementar aos demais vistos (4Ps e 4Cs), denominado de 4 As.

A ordem lógica das funções apresentadas no modelo é no sentido inverso aos ponteiros de um relógio, iniciando com a **análise**. Pesquisando o mercado e buscando entender o negócio, a organização identifica seu produto, considerando todas as forças, competências e deficiências do mercado, entre diversos outros fatores.

O segundo passo é a **adapta**ção do produto, adequando a oferta ao mercado que está sempre em transformação. Observar as diversas características (design, embalagem, cor, preço, etc.) assim como a distribuição, assistência técnica, pós-venda, uso e qualquer outra característica que possa melhorar o produto.

Ativação é o próximo passo. Garantir que o mercado alvo será impactado por ações de comunicação que instiguem a curiosidade e o desejo, nos locais físicos e digitais adequados, com frequência e forma corretas. Após ativar, é preciso fazer o produto ou serviço chegar aos clientes, com a distribuição e venda alinhadas à comunicação, capazes de suprir o interesse e a demanda gerada.

Lançado o produto, é o momento de iniciar a **avaliação**, que visa exercer controle sobre a comercialização, determinar indicadores, metas desafiadoras de resultados, análise constante de todo o processo e introdução dos aperfeiçoamentos que se fizerem necessários.

Este ciclo não termina! Está sempre se recompondo, recebendo informações, tomando medidas e provocando alterações de melhorias. Assim como o mercado é mutável e complexo, a organização está em constante busca de melhoria e evolução contínuas.

Marketing Reverso

Implica na utilização dos instrumentos de marketing em relação aos seus **fornecedores**. Origina-se de uma concepção mais abrangente em que o fornecedor é considerado um **parceiro** e deve ser tratado como tal. Esse tratamento, diferentemente do que acontecia no passado, quando o vendedor era maltratado e o fornecedor considerado um inimigo, foi substituído por uma visão mais inteligente do processo, numa relação de "ganha-ganha". O comprador deve preservar seu fornecedor e zelar para que ele consiga obter resultados positivos para melhor atender às suas necessidades e prosperidade dos negócios.

Endomarketing

Os fatores produto e gestão tradicional não estavam aproveitando todo o potencial gerado pela globalização. Fatores novos, como valores éticos, envolvimento emocional dos funcionários, direção estratégica e capacidade de agregar relações afetivas adquiriram peso maior no desenvolvimento das empresas, como complemento ao tradicional: qualidade industrial do produto, preço e percentual de participação no mercado (*market share*). Uma nova aplicação dos conceitos do marketing, o **endomarketing**, conseguiu libertar o potencial contido **nas pessoas** de uma empresa.

Endomarketing é definido como ações gerenciadas de marketing eticamente dirigidas ao público interno (funcionários) das organizações e empresas focadas no lucro, das organizações não lucrativas e governamentais e das do terceiro setor, observando condutas de responsabilidade comunitária e ambiental.

Não se compreende uma empresa de sucesso em que os funcionários tenham um tratamento ruim ou fora dos parâmetros saudáveis para um relacionamento profissional e humano. Aliás, é praticamente consenso entre especialistas de gestão, empresários de sucesso, professores de escolas de negócios e consultores renomados o entendimento de que as pessoas formam o pilar do sucesso empresarial. "Primeiro quem, depois o restante". Tenha certeza que a qualidade dos resultados do seu negócio é diretamente proporcional à qualidade dos seus funcionários e líderes. Pessoas medíocres, resultados e empresa medíocres. Pessoas excelentes, resultados e empresa excelente.

O termo endomarketing abrange as atividades de marketing direcionadas aos funcionários da empresa. O Marketing Total, como o próprio nome sugere, considera os funcionários como parceiros importantes e que precisam de um relacionamento profissional no mais alto nível de consideração e respeito.

Desconstrução de imagem

Usamos esse termo quando se deseja inibir o consumo de produtos, por exemplo, prejudiciais à saúde. Usamos o que se chama de "desconstrução de imagem". Isto vem acontecendo em relação ao tabaco e às gorduras, dentre outros produtos.

Marketing Total

É a constatação que o Marketing não deve ficar restrito a determinadas áreas da empresa, como comercialização e desenvolvimento de produto. Todas as áreas, todas as atividades de uma organização devem estar impregnadas pelo espírito do marketing pois não existem limites para suas atividades. O Marketing Total perpassa todas as diretorias, portaria, contabilidade, saindo da empresa para o fornecedor, comunidade e, logicamente, para o cliente.

Com o foco no cliente o "espírito do mercado" é atraído para dentro da organização, onde será assimilado e trabalhado, produzindo modificações e implementações que, retornando ao mercado, atenderão às suas expectativas.

Varejo fora das lojas

Venda direta

É o contato pessoal entre um vendedor e um consumidor fora da loja. Influenciaram no desenvolvimento da venda direta a mudança no papel da mulher, o sistema de vendas porta a porta, as apresentações de vendas em grupos por meio de reuniões entre prováveis vendedores, como utilizado pela Amway, Natura e Avon, por exemplo.

Telemarketing

É a venda por telefone, em que o vendedor inicia o contato e fecha a venda pelo aparelho.

Venda por máquina automática

Não existe nenhum contato pessoal entre comprador e vendedor. A máquina faz tudo, muito comum em aeroportos e hospitais de grande porte.

Marketing Direto

É a utilização da propaganda para entrar em contato com os consumidores que, por sua vez, compram produtos sem ir a uma loja de varejo. Mídias mais comuns: rádio, TV, jornais, revistas, catálogos, mala-direta, internet (redes sociais e e-mail). Shoptime e Polishop são duas empresas que cresceram usando este tipo de marketing com suporte da TV. A empresa brasileira B2W, que detém as marcas Americanas.com, Submarino.com e a própria Shoptime, aparece entre as maiores empresas de venda on-line do mundo, com faturamento acima de US$2 bilhões, mostrando o poder de crescimento das vendas pela internet.

5. Marketing de Relacionamento

Marketing Mix: as 6 variáveis controláveis

No marketing de relacionamento, as variáveis controláveis a serem consideradas são as quatro que já aprendemos (produto, ponto, promoção, preço) mais **pessoas** e **pictorismo**.

As **pessoas** são relevantes quando tratamos de relacionamento, e não poderia ser de outra maneira, pois são a essência dos mesmos.

O **pictorismo** refere-se aos signos que podemos utilizar para atrair, conquistar e reter nossos clientes. A semiótica estuda a construção de significado pela comunicação, através dos símbolos.

5.1 Entendendo os estágios dos "clientes"

Utilizamos os seguintes conceitos para os respectivos status do cliente:

Suspect: aquele que faz parte do seu segmento-alvo, mas não foi ainda prospectado.

Prospects: faz parte do seu segmento-alvo e já foi prospectado, isto é, de alguma maneira já foi informado sobre sua empresa/produto, mas ainda não comprou.

Customers: seu cliente, aquele que já comprou da sua empresa.

Defenders: aquele cliente que faz propaganda da sua empresa. Defende o seu negócio.

Definido os vários níveis dos clientes, é importante serem desenvolvidas ações diferentes para cada nível, sempre com a visão do relacionamento e fidelização, para suas receitas crescerem cada vez com mais consistência.

5.2 Cinco princípios do marketing de relacionamento

1) A qualidade do relacionamento empresarial é a chave do sucesso

Esse primeiro princípio define bem a importância do relacionamento, ligando-o à obtenção, ou não, do sucesso, de acordo com a qualidade do relacionamento.

Relacionamento requer confiança, cumprimento das promessas feitas, é a base do presente e dos futuros comportamentos.

2) Marketing de relacionamento real pressupõe contatos no presente e no futuro com *suspects, prospects, customers* e *defenders.*

A aplicação do relacionamento será uma constante a partir do momento em que o marketing de relacionamento é adotado. Vamos nos referir ao marketing de relacionamento usando a sigla CRM (Customer Relationship Management), que trata do gerenciamento do relacionamento com o cliente, um pouco mais específico, porém mais adequado ao propósito.

3) Atendimento especial, humanizado e constante nunca é investimento sem retorno.

A experiência mostra que existe um crescimento dos negócios ao se adotar o CRM, em especial porque o ser humano se mostra cada vez mais carente e reconhece as empresas que se esforçam para melhor tratá-lo e servi-lo.

4) A qualidade de relacionamento com os clientes deve superar conceitos hierárquicos, posicionais, sistemas internos e burocracia.

Ao adotar o CRM, o relacionamento passa a ser o centro do processo gerencial, evitando-se o hábito infeliz, comum em muitas empresas, de deixar o cliente como coadjuvante, quando deveria ser a estrela principal.

5) É necessário fazer da "manutenção de relacionamentos" uma política profissional de cada colaborador.

No CRM, todos terão uma coisa em comum, seja um engenheiro, administrador, gerente ou supervisor: o dever de "manter o relacionamento de confiança e alta satisfação dos clientes". Não poderia ser de outra maneira, pois os princípios do CRM são baseados nos relacionamentos profissionais, duradouros e prósperos.

5.3 CRM: gerenciamento do relacionamento

Até 1990, o foco da maioria das empresas era direcionado unicamente para o produto. Observando que, enquanto os produtos eram copiados e superados pela tecnologia e os serviços substituídos, as necessidades dos clientes permaneciam ou aumentavam. Daí a razão em se complementar o foco do atendimento das necessidades, por meio da entrega de produtos e serviços, para o aprimoramento do relacionamento com o cliente. Tê-lo envolvido com a empresa é garantia de fornecimento de qualquer produto que lhe seja útil, no presente ou futuro, gerando uma receita recorrente e potencialmente maior. Desde então, o marketing de relacionamento vem desenvolvendo estudos e processos visando aprimorar este contato com cliente, tornando-o constante.

O CRM é a integração entre a estratégia, o marketing e a tecnologia da informação para prover a empresa de meios mais eficazes e integrados para entender, atender, reconhecer e cuidar dos diversos perfis de clientes, em tempo real. Transforma dados em informações e decisões relevantes, possibilitando que o cliente seja 'conhecido' e cuidado por todos.

Para tantas atividades envolvendo o cliente, torna-se evidente que, além da tecnologia necessária para armazenar e gerenciar todos os dados necessários, os recursos humanos têm um papel de destaque. É algo inconcebível alguém, independentemente da posição que ocupe na empresa, estar mal preparado ou indisposto a proporcionar um atendimento digno ao cliente. Isso é o mínimo do bom relacionamento, devendo as empresas caminharem na direção de formar a cultura interna nessa direção. A meta mais adequada seria desenvolver um nível de atendimento envolvente e encantador, capaz de tornar a experiência inesquecível e fidelizar cada cliente. Seria incumbência também dos recursos humanos o treinamento necessário para a ótima utilização dos recursos tecnológicos já disponíveis, visando aperfeiçoar continuamente o atendimento.

Os processos utilizados na gestão do relacionamento e que fazem uso da tecnologia existente precisam ser difundidos em todos os níveis da organização. O CRM não é um órgão como o coração ou estômago, mas assemelha-se ao sangue que necessita irrigar todo o sistema para mantê-lo vivo! Mais que uma atividade pontual, o CRM deverá integrar-se à cultura da empresa e dela fazer parte prioritária, moldando mentes e decisões para a excelência na evolução e fidelização dos clientes. As receitas agradecem!

5.4 Mudança nas relações de consumo

Nos últimos anos, tem havido uma aceleração nas mudanças das expectativas e relações de consumo, em especial a partir do maior acesso à internet iniciado em 1995. Fique atento aos impactos, oportunidades e ameaças ao seu negócio:

1) Produtos cada vez mais parecidos.

O *benchmarking* (concorrentes se monitoram para copiarem as melhores práticas uns dos outros) e as técnicas de engenharia reversa (empresas desmontam produtos para entenderem como são feitos e criarem melhores meios de produzi-los) têm tornado a vida de produtos inovadores cada vez mais curtas. Enquanto no passado, para cada tipo de produto, havia alguns poucos fabricantes, hoje milhares de empresas concorrem entre si com produtos cada vez mais parecidos, em todos os sentidos. Procurar uma diferença com valor diferenciado para determinado segmento de cliente tem sido uma tarefa cada vez mais difícil.

2) Clientes mais exigentes e menos sensíveis ao preço.

Vários fatores, entre eles o maior acesso a bens industrializados e relativo aumento do poder de compra da classe média mundial, têm tornado as pessoas melhor informadas e mais exigentes quanto às ofertas das empresas, deixando muitas vezes o preço em segundo plano. O preço conta na escolha, evidentemente, mas em muitos casos não é mais o fator preponderante da escolha final.

3) Busca por valor agregado como diferencial.

Num mundo de produtos semelhantes, há que se diferenciar e comunicar a diferenciação! E não pode ser uma diferença qualquer, mas algo que tenha valor para o segmento alvo.

4) Reputação como ativo estratégico.

A força da marca, como promessa de entrega de valor e boas experiências aos clientes, precisa ser referência positiva tanto dentro como fora da empresa, construindo um elo psicológico poderoso com o mercado e todos que participam desse propósito.

5) Globalização (Internet).

A internet conseguiu acelerar o processo de globalização aproximando de uma maneira nunca vista fornecedores e consumidores. O e-business vem proporcionando uma queda no custo das vendas, quando feitas através da rede.

6) A oferta maior que a procura.

O maior poder de produção e a aceleração da concorrência têm aumentado a oferta em proporção maior que o aumento da demanda. A busca de mercados em crescimento, fugindo daqueles onde já se atingiu a saturação, tem sido a grande alternativa.

7) Integração do mundo físico e mundo virtual.

O mundo real é uma combinação do mundo físico e mundo virtual, onde a maiorias das pessoas buscam informações, fazem compras, comparam ofertas, relacionam-se, trocam ideias, elogiam, criticam, participam de debates, criam ou fecham empresas e influenciam decisões. O real nunca foi tão digital e material como nos dias atuais...

Novamente é muito importante, nesse ponto, você elaborar um entendimento sobre os seus pontos fortes e pontos fracos relacionados aos itens abordados. Reúna as pessoas que mais entendem do seu negócio, pelo menos 10 a 15 de dentro e de fora da empresa, apresente estes temas abordados e peça para que listem tudo o que está bom (pontos fortes que precisam ser mantidos) e tudo que está ruim ou nem existe (pontos fracos e de melhoria imediata). Após decidir o que fazer, reúna os profissionais relacionados à implementação das decisões e crie "Ações de Melhoria" com definições claras do que precisa ser feito, como fazer, prazo de conclusão, responsável direto, equipes de apoio, indicadores de desempenho, metas e investimentos necessários. Dobrar as receitas é tarefa que exige muita inteligência, coragem para mudar e disciplina para executar!

6. Marketing Digital

Constantemente escuto as pessoas referirem-se ao mundo real como se apenas os aspectos materiais, as questões tangíveis fizessem parte da realidade das empresas, governos e outras instituições. Esquecem-se, ou perigosamente ignoram, que a cada dia mais e mais pessoas estão sendo educadas em plataformas digitais, possuem perfis nas redes sociais, compram e vendem online, publicam artigos e opiniões, buscam informações e parceiros, influenciam e são influenciados, exigem que as empresas abram espaços para que enviem suas críticas, elogios e sugestões pela Internet. O mundo, caro leitor, é tanto físico quanto virtual! Desprezar o poder da "web", essa poderosa rede que interliga tudo e todos, é desperdiçar oportunidades preciosas de negócios e relacionamentos.

A Internet também pode ser utilizada para assuntos e ferramentas de marketing, pesquisas rápidas, monitoramento dos concorrentes, formação de redes de contatos profissionais (networking), interação com clientes e outros públicos, acesso a fornecedores nacionais e internacionais, formação da percepção sobre a sua empresa e sobre você mesmo. Não usar esse potencial é nadar contra a maré, limitar o impacto e competitividade dos seus negócios, tornando-os mais ineficientes e ultrapassados.

Comece rastreando o que andam dizendo sobre sua empresa, escolha um site confiável de buscas como o Google e digite o nome da empresa. Separe todas as coisas boas e todas as coisas ruins que encontrou, identificando os respectivos sites e autores. É muito importante rastrear sempre a sua empresa porque muitos clientes e potenciais clientes procuram referências tanto sobre a organização quanto sobre as pessoas que a representam! Tudo precisa jogar a favor do negócio, fortalecendo a confiança de quem procura informações sobre ele.

O mundo não é o que é, o mundo é a impressão que as pessoas constroem sobre ele, sendo interpretado e ganhando significado na mente de cada um. A realidade é uma questão de percepção, por isso uma versão muitas vezes repetida pode se tornar para muitos a realidade dos fatos, mesmo não sendo. Quanto mais você agir conscientemente nessa "guerra de percepções", fortalecendo e mostrando tudo de positivo sobre a sua empresa, maiores serão suas chances de sucesso! Não se canse, divulgue sempre e repetidamente tudo de positivo que tiver. Se não for dito de novo, de novo e de novo, como as pessoas saberão aquilo que queremos que elas saibam? Quem não é visto nem ouvido, não é lembrado.

Sobre as referências negativas, contrate um especialista para não serem referenciadas pelos sites de buscas. Se estiverem em redes sociais, desenvolva ou contrate alguém para explicar e informar a posição da empresa, influenciando favoravelmente as percepções. Entenda que você nunca terá 100% de aprovação, isso não existe, tenha em mente que se tudo der certo, entre 10% e 15% sairá errado, logo uma boa avaliação por mais de 85% do público envolvido está excelente! Fundamental você compreender as causas dessas más notícias e impressões, agindo em cada causa relacionada ao negócio: processos, pessoas, lideranças, comunicação interna e externa, ações com clientes e mercados, ações de vendas e marketing, finanças, alianças e parcerias, etc. Atuando nas causas você resolverá de vez os efeitos geradores das más notícias. Repita esse ciclo de monitoramento da Internet e gestão da percepção pelo menos uma vez por mês.

Outro exercício interessante é simular ser um potencial cliente e procurar nos sites de buscas pelos produtos e serviços da sua empresa. Por exemplo, uma clínica de estética e beleza precisa aparecer no Google quando alguém procurar por "produtos de beleza, cosméticos, cabelos bonitos, embelezamento, limpeza de pele, beleza facial, autoestima, beleza verdadeira, rejuvenescimento", etc. Foi exatamente isso que fizemos para aumentar a visibilidade e receitas de uma clínica de estética numa cidade no interior de São Paulo. A estrutura física interna e externa eram lindas, o atendimento excelente, os funcionários cordiais e bem treinados, tudo estava certo, mas as receitas não cresciam. A empresa havia chegado no limite de 40% da sua receita máxima projetada e não passava daquilo.

Após alguns dias de análises do potencial do mercado regional, conversas com clientes atuais, funcionários e novos clientes, a questão da falta de visibilidade ficou clara. Algumas pessoas viajavam mais de 150 quilômetros até São Paulo, pois não sabiam que bem perto havia uma clínica com tudo que precisavam. Fizemos várias ações para aumentar a divulgação e visibilidade da empresa, numa distância de até 100 quilómetros da cidade, com destaque para a reformulação do site e orientações para que fosse encontrada no Google quando alguém procurasse pelos produtos e serviços prestados nessa distância delimitada. Tanto o site quanto a referência com destaque no Google foram desenvolvidos por especialistas, em total sinergia com o perfil dos clientes e do mercado de atuação.

O site ficou com um design convidativo e agradável, cores leves e várias fotos profissionais de alta definição. Todos os produtos e serviços eram apresentados, bem como a história da empresa, localização e como chegar, depoimentos favoráveis de clientes e formadores de opinião, equipes de atendimento, programas de relacionamento para estimular a fidelidade dos clientes, diferenciais da clínica, espaço para sugestões e reclamações, prêmios recebidos e comunidades nas redes sociais. Com um ótimo site e referenciada com destaque pelo Google, dentre outras ações, em menos de 2 semanas as receitas voltaram a crescer!

Nas redes sociais, lançamos, mensalmente, campanhas e promoções estimulando que as pessoas as replicassem para suas próprias redes e amigos. Criamos o "mês da limpeza de pele", o "mês dos cabelos lindos", o "mês das mãos de seda" e vários outros. Clientes que indicassem pelo menos 2 novos clientes ganhavam uma oferta especial surpresa. Desenvolvemos campanhas do tipo "leve 3 e pague 2", "indique um parente e ganhe um presente" e "oportunidade do kit: compre antecipadamente 5 vales limpeza de pele e ganhe mais 1 vale limpeza totalmente grátis". Semanalmente, o site e as redes sociais eram atualizados com belíssimas fotos dos produtos e clientes mostrando o "antes e depois", comprovando a eficácia dos tratamentos oferecidos. Alegria + satisfação + aumento da autoestima + expectativas superadas foram os sentimentos e percepções propositalmente provocados pelas abordagens e ações. O poder multiplicador e de visibilidade foi enorme!

Para nossa grande surpresa, pessoas de São Paulo começaram a aproveitar a estada na cidade para conhecerem a clínica. Após 2 anos, a empresa já contava com mais 2 unidades, tendo triplicado suas receitas em menos de 30 meses. Essa experiência nos ensinou que muitas vezes quase tudo está certo, falta apenas a visibilidade certa, no local certo, do jeito certo, para as pessoas certas e no tempo certo. O mundo é uma guerra de percepções, trabalhe duro e influencie fortemente para vencer cada batalha!

A seguir estão os principais conceitos relacionados ao Marketing Digital:

- *Inbound Marketing*: criação de conteúdos úteis e agradáveis para o seu público-alvo, atraindo tráfego para o site e blog da empresa. Ótima oportunidade de captar informações, converter ações e fechar vendas. Alternativa mais efetiva, quanto mais jovem o público e mais dinâmico o negócio, que a compra de espaços publicitários para anúncios ou envio de e-mail marketing sem permissão.
- Conteúdo: material criado para atrair seu público ou instruí-lo sobre algo interessante, instigando-o a saber mais sobre determinado assunto. Normalmente são apresentados na forma de blogs, mídias sociais, vídeos, *webinars* (conferências via web), e-books e outros.
- Design Responsivo: tudo que for disponibilizado na internet pela empresa precisa ser facilmente carregado, visto e usado em qualquer plataforma tecnológica: desktops, laptops, tablets e smartphones.
- Teste A/B: serve para determinar qual das 2 opções (A ou B) de layouts de um e-mail marketing, posts impulsionados em mídias sociais ou *calls-to-actions* (chamadas para ação) teve melhor desempenho em campanhas, orientando assim a escolha das cores, estética, chamadas e fotos para a peça final.
- *SEO* (*Search Engine Optimization*): é a otimização de mecanismos e técnicas de busca para a sua e empresa aparecer nas primeiras posições, em destaque em sites como o Google.
- *Persona* (pessoa): conhecido também como *buyer persona* (comprador típico) é uma representação fictícia do consumidor típico de seus produtos ou serviços, com características comportamentais, demográficas, econômicas e psicológicas. O objetivo é especificar informações sobre esse tipo de público para o desenvolvimento de estratégias de marketing mais efetivas e criação de conteúdos mais interessantes e úteis.
- Palavras-chave: podem ser tanto frases quanto palavras isoladas. Por meio delas os mecanismos de busca identificam os conteúdos e assuntos

contidos nas páginas da Internet. Essas páginas são indexadas em ordem de relevância, utilizando-se um algoritmo complexo como o do Google, por exemplo. Assim, quando escreve-se as palavras-chave "como dobrar as receitas" o buscador consegue perceber quais páginas poderão oferecer o melhor conteúdo para essa pesquisa específica.

O marketing digital é fundamental, pois, além do retorno desse investimento ser muito significativo, pesquisas recentes apontam que menos de 10% das pessoas que nasceram entre 1980 e 2000 (Geração Y) acreditam em publicidade, preferindo abordagens mais relevantes, específicas e diretas. O mundo é cada vez mais digital.

7. Comportamento do Consumidor

O comportamento do consumidor envolve todas as atividades diretamente envolvidas em obter, consumir e dispor de produtos e serviços, incluindo os processos decisórios que antecedem e sucedem estas ações.

Por esse processo passam indivíduos ou grupos, quando selecionam, compram, usam ou dispõem de produtos, serviços, ideias ou experiências para satisfazerem necessidades e desejos. É um processo que antecede o ato de troca (ou compra) e continua depois da compra. Comprar e consumir geralmente reflete uma combinação de benefícios utilitários e hedonistas, relacionados ao prazer da experiência. É bom observar que uma categoria de pessoas influentes tem desenvolvido um consumo destinado a atender sua satisfação, com ênfase para o prazer em sua maior expressão. Ver O hedonismo, página 253 e Epicuro, página 254 do ANEXO.

Visão da economia, como complemento ao marketing e vendas:

Tradicionalmente, no estudo da economia, dizemos que a demanda de um indivíduo por um bem ou serviço depende, basicamente, de quatro fatores:

Preço do bem

A demanda por um bem aumenta à medida que diminui o seu preço. Os indivíduos estão dispostos a comprar menos quando o preço aumenta e vice-versa. Isto já foi mostrado no estudo da lei da oferta e procura.

Preço dos bens relacionados

Quando o produto tem algum outro bem que possa substituí-lo, este vai influenciar na decisão de compra. Se o substituto tem o preço menor, haverá uma tendência maior na sua aquisição. Daí a importância do desenvolvimento de *marcas* que tornem o produto diferenciado ou opções de marcas para produtos mais baratos.

Gosto ou preferência

É nesse item que o trabalho do marketing pode obter mais êxito ao desenvolver bens que atendam aos gostos e às preferências do segmento a ser atendido. O comportamento do consumidor deve ser conhecido e utilizado na formatação do mix de marketing!

Renda de um indivíduo

Quanto maior a renda de um indivíduo, maior sua disposição para o consumo. No entanto, à medida que aumenta a renda, a proporção destinada ao consumo aumenta menos que a destinada à poupança pois estará cada vez mais satisfeito.

Modelo de Estímulo e Resposta

Os estímulos ambientais e de marketing penetram no consciente do consumidor, influenciando profundamente o seu processo de decisão.

Um *comprador* com um certo conjunto de características é influenciado no seu processo de decisão a escolher determinado produto, no lugar de outro. Sabendo disto, cabe ao marketing **entender** o que acontece no consciente e inconsciente do consumidor, entre a chegada do estímulo e a decisão de compra.

O processo de decisão de compra

O processo de decisão de compra representa uma espécie de mapa da mente do consumidor que permite compreender como toma a decisão e porque escolhe determinado fornecedor ou produto. São seguidos por um indivíduo ou por um grupo de pessoas e se constituem de cinco passos conforme o quadro "Processo de Decisão de Compra" na figura abaixo.

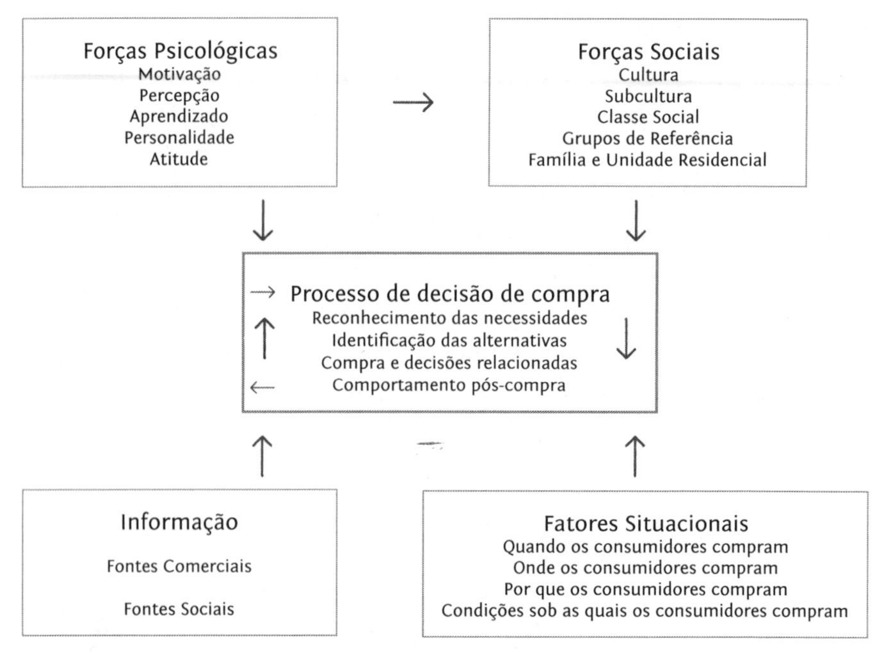

Figura 3 – Adaptação do autor.

Na realidade, são seis os passos do **processo de decisão de compras**, pois faltou incluir o último, o **descarte.**

Mais que curiosidade, existe certa obsessão por conhecer os caminhos pelos quais segue um consumidor ao comprar algo. O que se passa em sua cabeça, quais os princípios que segue. Próximo a Paris, mais precisamente em Saint-Quentin-em-Yvelines, construíram uma espécie de "laboratório" que tem por finalidade estudar como o consumidor se comporta numa loja ou supermercado. Através de uma parede falsa de vidro, onde não são vistos, uma equipe de profissionais composta por psicólogos e sociólogos observa cada passo e atitude do consumidor. Um equipamento chamado de *eye movement recorder* (gravador de movimento dos olhos), utilizando a refração de raios infravermelhos sobre a retina do consumidor, registra quais os artigos que mais o atraem e o tempo que seus olhos detêm-se sobre o produto. Entre as conclusões, podemos citar que os eletrodomésticos, como têm embalagem maior, ficarão na entrada da loja onde o carrinho de compras ainda estará vazio. Ao circular entre as outras mercadorias já estaria na memória os preços maiores dos eletrodomésticos, o que, por comparação, transmitiria a sensação de que os outros preços são baixos.

A partir dessas observações surgiram propostas de mudanças de layout's, cores, iluminação, largura de corredores, etc. Estudos em supermercados observaram que os corredores mais largos têm maior afluência de mulheres enquanto os homens transitam mais pelos corredores estreitos.

7.1 Os passos do processo de decisão são:

Reconhecimento da necessidade

O reconhecimento pelo consumidor de uma necessidade é a diferença entre aquilo que quer para si e o que percebe de sua situação atual - mundo ideal versus mundo real.

A necessidade o conduz a uma ação. Sua intenção é aliviar a tensão provocada por **reconhecer uma necessidade não satisfeita.**

Este reconhecimento **cria um desconforto psicológico.** A maneira de se resolver a situação de desconforto é eliminando sua causa. Todos os passos do **processo de decisão de** compra têm o objetivo de resolver esse incômodo, ou adquirindo o bem, ou concluindo que ele não atende, ou verificando que não é possível adquiri-lo. A fome gera uma tensão, cria um desconforto que será sanado ao se alimentar. A fome surge internamente, mas há necessidades adormecidas e que surgem por *estímulos* externos. Esses estímulos são provocados por:

- Propaganda;
- Visão do produto;
- Ao acabar um produto que se está usando (tinta de uma caneta, pilha de um equipamento, um sabonete, etc.);
- Insatisfação com o produto em uso.

Como temos, ao mesmo tempo, várias necessidades, o simples fato de tomarmos conhecimento de uma necessidade não é suficiente. Há uma competição entre nossas necessidades e teremos que decidir qual atender. Haverá um *tradeoff* (define uma situação em que há conflito de escolha) entre as necessidades não atendidas. O desenvolvimento econômico tem aumentado nossa exposição a um número cada vez maior de produtos e serviços. Nossa vida tem sido um contínuo processo de decidir, entre os vários produtos à nossa disposição, quais melhores nos atendem.

Identificação de alternativas

Reconhecida a necessidade, temos que identificar as várias formas de satisfazê-las.

Identificamos primeiro os produtos alternativos e, a seguir, as marcas disponíveis.

Podemos fazer isso a partir de uma lembrança de alguma experiência na satisfação da necessidade ou por uma pesquisa externa. Nessa fase, estamos coletando informações. As informações são coletadas, basicamente, de duas fontes: fontes sociais que são a família, amigos, conhecidos, etc. e as fontes comerciais, vendedores, comerciantes, representantes, etc. (Ver Informações e decisões de compra, página 67).

A busca das alternativas é influenciada pelas experiências anteriores, assim como pela confiança que temos nas informações coletadas e experiências vividas.

Avaliação das alternativas

Coletadas as informações, entramos na fase de avaliar as diversas opções selecionadas, ou seja, o consumidor mede a relação entre o custo e os benefício das alternativas.

Pode-se levar em conta um ou vários critérios para avaliar cada alternativa.

Por exemplo, se vamos comprar uma refeição congelada podemos avaliar, entre várias opções, pelo **preço**, **sabor** e **facilidade de preparo**.

Podemos avaliar somente pelo preço, tornando a decisão mais simples, como podemos combinar os três fatores. Para complicar mais ainda, esses fatores não terão pesos iguais podendo ser a **facilidade de preparo** preponderante em relação ao **sabor,** ou ao contrário. Os "pesos" de cada critério são diferentes, dependendo do perfil de quem escolhe!

O marketing faz pesquisa entre os consumidores para determinar que critérios de escolha usam para o produto que interessam medir. Como esses critérios mudam com o tempo, tecnologia, renda, etc. são identificadas as mudanças de critérios e tomadas as providências em relação à formulação do produto.

O consumidor, normalmente, está envolvido com diversas situações de compra que concorrem entre si.

Compra e decisões relacionadas

Adquirir ou não? Se optar por não adquirir o processo termina aqui. Pode terminar em qualquer fase em que a necessidade deixar de existir ou se concluir que não há alternativa satisfatória.

Se a opção foi pela compra, são desencadeadas outras decisões relacionadas:

- Onde e quando efetuar a transação.
- Como receber o bem.
- Qual a forma de pagamento.
- Quais contatos digitais e tradicionais utilizar.

O resultado dessas decisões adicionais afeta a satisfação do cliente e tem merecido a atenção dos comerciantes para que ele tenha uma experiência agradável.

Com base em observações nas decisões relacionadas identificou-se que, quando comprando, as pessoas gostam de:

- Sentirem-se confortáveis;
- Estar entre pessoas similares;
- Estar em ambientes que reflitam seus valores.

Identificaram também os seguintes motivos de compra:

- Comodidade de localização;
- Rapidez de atendimento;
- Acesso às mercadorias;
- Aglomeração;
- Preços;
- Variedade de mercadorias;
- Serviços oferecidos;
- Aparência da loja;
- Pessoal de vendas;
- Atenção dos funcionários.

Pensando nisso, é comum as redes varejistas criarem lojas adequadas aos vários segmentos. O EXTRA criou, no início do século XXI, a rede Compre-Bem para as pessoas de menor nível de renda não se sentirem desconfortáveis.

O Carrefour, uma das maiores redes de supermercados no Brasil, criou o Carrefour Express ou Carrefour Bairro, com um perfil mais próximo dos mercados de bairro, para atender as necessidades de consumidores de diferentes classes sociais.

Comportamento pós-compra

Ao encerrar a compra, o consumidor agregou um conjunto de experiências e teve um aprendizado que será útil quando sentir uma necessidade que possa ser satisfeita com o mesmo produto. Daí a importância de deixar o cliente satisfeito para que fique gravada uma experiência agradável, que estará gravada em sua mente!

Em algumas situações, após a compra, há dúvida sobre o acerto da escolha. Esse processo é chamado de **dissonância cognitiva pós-compra**. É um estado de ansiedade causado pela dificuldade de escolher. Se não aliviada, o consumidor fica insatisfeito com o produto escolhido **mesmo que atinja o desempenho esperado.**

A causa dessa dissonância com a compra se dá em razão de uma insegurança do consumidor e o medo de errar na escolha, pois durante o processo surgem alternativas com características **atraentes** e **não atraentes**.

Na compra de uma TV, é possível identificar algumas características (alternativas):

Da TV escolhida:
É a mais cara (*não atraente)*
Tem a melhor definição (*atraente*)
Da TV não escolhida:
Indicada por um amigo (*atraente)*
Garantia limitada (*não atraente).*

No pós-compra, as características **não atraentes** do produto adquirido crescem em importância enquanto as características **atraentes** do produto rejeitado também crescem.

Este conflito faz o consumidor duvidar da validade da sua escolha e disso vem a ansiedade.

A **dissonância** é maior quanto maior a importância da decisão de compra e quanto maior a semelhança entre o escolhido e o rejeitado. Uma casa ou um carro cria maior dissonância que uma rapadura.

Para reduzir a dissonância e justificar-se, o consumidor:

Evita a propaganda do produto rejeitado;

Procura informações que apoiem sua decisão (confirmação de amigos).

Observação: Alguns especialistas acrescentam mais um passo aos cinco que abordamos: o **despojamento** ou **descarte**, que trata do "descarte do produto não consumido ou do que dele restou".

Observações sobre a decisão de compra

- O consumidor pode recuar em qualquer um dos cinco estágios sempre que diminuir a necessidade ou faltar uma alternativa que o satisfaça;
- Os estágios têm extensões diferentes e podem se sobrepor;
- O consumidor está envolvido com diversas situações de compra e os resultados afetam e são afetados entre si.

Um fator significativo no processo de decisão é o **nível de envolvimento** do consumidor, isto é, a quantidade de esforço despendida na satisfação da necessidade identificada.

O **nível de envolvimento** é maior quando:

- O consumidor não tem informações que o satisfaçam.
- Considera o preço muito alto.
- O produto tem considerável importância social.
- Há um grande potencial de benefícios no produto.

O envolvimento deve ser encarado **sob a perspectiva do consumidor** e não do produto! Uma pessoa pode ter um alto envolvimento na aquisição de uma bicicleta enquanto que, para outro consumidor, o envolvimento pode ser mínimo.

As decisões de compra, em sua maioria, são caracterizadas como **de baixo envolvimento**. As pessoas estão sempre envolvidas com a satisfação de necessidades, mas, na sua maioria, de importância relativa e baixo envolvimento. Algumas das razões para o baixo envolvimento:

- Produtos baratos e com outros substitutos;
- O consumidor omite ou passa rapidamente pelos passos 2 e 3, **identificação de alternativas** e **avaliação de alternativas**, respectivamente.

As compras em supermercados, lojinhas de bairro, banca de revistas são, via de regra, de baixo envolvimento.

As compras **por impulso** são de baixo envolvimento, pois não passaram por um planejamento, são atendidas por um apelo normalmente no ponto de venda. Os programas promocionais forçam este tipo de venda, assim como as embalagens atraentes. As embalagens são hoje um forte componente nas vendas, sendo chamadas de **força de vendas silenciosa.** Uma pesquisa realizada pelo Serviço de Proteção ao Crédito (SPC Brasil) e pela Confederação Nacional de Dirigentes Lojistas (CNDL) dimensionou um fenômeno que considera típico da sociedade consumista brasileira: 33% das compras em supermercados são motivadas por impulso, e não por necessidade. Identificou também que a promoção é a principal responsável pelo consumo impulsivo: 84,1% dos consumidores ouvidos admitiram que as promoções os levaram a fazer comprar sem pensar, e disseram ter a sensação de estar fazendo um bom negócio.

Papéis que podem ser representados pelos membros de uma mesma família:

- Iniciador: quem reconhece a necessidade;
- Influenciador: fornece informações acerca de como satisfazer a necessidade;
- Decisor: quem escolhe a alternativa para satisfazer a necessidade;
- Comprador: quem compra o produto;
- Avaliador: quem avalia a capacidade do produto em satisfazer a necessidade.

Fatores que influenciam a decisão de compra

O Comportamento é formado pelo conjunto de reações por que passa um indivíduo quando no seu ambiente de compra. Reflete sua personalidade, percepção, motivação, atitudes e o processo de aprendizagem.

Por ser um estudo interdisciplinar, o comportamento do consumidor tem recebido subsídios de várias disciplinas, entre elas a **psicologia, sociologia, psicologia social, neurociência, antropologia** e **economia**. Esses estudos têm ajudado o marketing no entendimento do comportamento dos indivíduos em relação à **procura**, explorando outros fatores que não apenas o preço de um produto isoladamente. Hoje sabemos a importância das influências do ambiente no comportamento de um indivíduo e nas suas **motivações**.

Há uma série de questões relevantes quanto à influência de determinados fatores no comportamento do consumidor: cores, clima, grau de instrução, sexo, nível social, religião, atitudes de outras pessoas, etc. Como o consumidor reage aos diversos estímulos? Quanto mais se conhece esse comportamento mais fácil se torna desenhar produtos, determinar preços, desenvolver embalagens, escolher canais de distribuição, abordagens de propagandas, estratégias na Internet e redes sociais.

7.2 Informações e decisões de compra

Até que o consumidor se cerce de informações, geralmente não há decisão de compra. São duas as fontes principais de informações:

Ambiente comercial da informação e ambiente social da informação.

Ambiente comercial

Indivíduos e organizações de marketing que tentam se comunicar com os consumidores. Ex.: Fabricantes, varejistas, publicitário e pessoal de vendas. A propaganda é o tipo de informação comercial mais conhecida. Um adulto está exposto à cerca de 300 mensagens publicitárias por dia, no Brasil; nos Estados Unidos são mais de 1.000! Além da propaganda, o ambiente comercial é formado por vendedores, operadores de telemarketing, amostras grátis, abordagens digitais e o envolvimento físico do consumidor com o produto.

Ambiente social

Familiares, conhecidos, amigos, professores e outras pessoas que fornecem informações sobre o produto. A informação social mais comum é o "boca a boca" (tradicional e digital). Outra maneira eficiente é o ato de ver outra pessoa usando um produto, ou ser exposto ao produto na casa de alguém.

Há uma enorme concorrência pela atenção do cliente. Um consumidor comum está exposto a uma pesada carga de mensagens publicitárias diariamente. Isso mostra uma grande concorrência por um lugar na mente dele, que ao processar rapidamente esse manancial de informações, precisa fazer uma seleção das forças sociais e experiências já vividas relacionadas aos temas apresentados.

Mudanças no valor líquido da renda alteram o comportamento de compra, pois modifica o "estado de espírito" de um indivíduo. Nos grupos de alta renda o valor líquido é influenciado pela bolsa de valores, oscilações cambiais e taxa de juros, entre outros fatores. Conhecer e estimar as tendências de variações na renda e as implicações no "estado de espírito" do consumidor leva as empresas a identificarem certos padrões de consumo e as expectativas de demanda futuras. Detectam-se também as transformações nos vários segmentos de mercado.

De modo geral, há três fatores básicos que são considerados na decisão de compra do consumidor: fatores culturais, sociais e psicológicos.

Cultura

É um conjunto de símbolos e artefatos criados por uma sociedade e transmitidos através de gerações. Os símbolos podem ser intangíveis ou tangíveis. Como símbolos intangíveis temos as atitudes, crenças, valores, linguagem, etc. Como tangíveis podemos identificar instrumentos, moradia, produtos, obras de arte, entre outros. São os determinantes e reguladores do comportamento humano. Não estão incluídos os atos instintivos, apesar da maneira como as pessoas realizam atos biológicos instintivos ser influenciada pela cultura do indivíduo. Todos sentem fome, mas se satisfazem de maneira diferente de acordo com sua cultura. No Tibete, por exemplo, é comum o leite de camelos fêmeas.

Há alguns anos, a montadora alemã Volkswagen AG, desenvolveu um programa denominado "Moonraker", com o objetivo de compreender melhor a cultura americana e produzir carros mais adequados àquele consumidor. A Volkswagen concluiu que sabia pouco sobre este rico mercado e montou uma equipe para desenvolver este projeto, no início do século XXI, composta por 19 europeus e quatro americanos das áreas de engenharia, marketing, design e vendas. No início dos trabalhos, percorreram 24 Estados e visitaram vários pontos turísticos, experimentando todos os tipos de transportes, tais como metrô, carro alugado, voos durante a madrugada e dirigindo um carro diferente a cada semana. Observaram que o consumidor americano dá muita importância ao espaço interno e ao número de alto-falantes no carro. Enquanto os alemães valorizam a capacidade e potência do motor, os americanos consideram seu veículo como um segundo lar ou escritório. Acompanhando, por uma semana, uma mãe solteira em atividades como deixar as crianças na escola e pegar roupas na lavanderia, concluíram que as mães americanas precisavam de um lugar para guardar lencinhos e os hambúrgueres do *drive thru*. As empresas estão, cada vez mais, fazendo este tipo de trabalho e mergulhando no mercado onde pretendem atuar para conhecer como são e procedem as pessoas em relação ao seu produto.

Na Europa, os franceses escandalizaram outros povos ao comerem *escargots* e rãs, enquanto a sopa de tartarugas tornou-se uma especialidade inglesa e o bucho de carneiro uma peculiaridade escocesa. No entanto, em toda a Europa existem *escargots*, rãs, tartarugas e carneiros. Mais radicais são os habitantes da África, assim como alguns povos da América e Ásia, que têm o hábito de comer insetos.

São manifestações culturais que influenciam o comportamento das pessoas. Da mesma forma, religiões que se desenvolveram fora da Europa, como o judaísmo e o islamismo não fazem uso do porco, enguia e esturjão, pois consideram-nos impuros. Os hindus não usam a carne animal. É a força da cultura dos povos!

Principal determinante do comportamento e dos desejos, o papel da cultura é o de satisfazer as necessidades das pessoas levando em conta o meio ao qual pertencem e, de alguma maneira, orientando-as na solução de problemas. A cultura, assim como a classe social, é um forte componente no processo de escolha de qualquer produto ou serviço. Toda a formação adquirida durante sua vida cultural, como escala de valores, percepções, desejos e comportamentos serão considerados no momento de escolher, por exemplo, um roteiro turístico.

Os profissionais de marketing e vendas devem estar atentos às *mudanças culturais*. Essas mudanças podem abrir espaço para novos produtos, assim como para a descontinuação de produtos que deixarão de atender ao mercado, em decorrência das mudanças provocadas pelos fatores culturais.

A diminuição das famílias levou os arquitetos a conceberem apartamentos menores e mais funcionais, prevendo sempre espaço para o carro, objeto absorvido pela sociedade contemporânea. A preocupação com a saúde e estética corporal tem diminuído o consumo de comidas gordurosas, levando a mudanças na produção de alimentos que procuram evitar esses componentes.

Da mesma forma, a busca de relaxamento e descanso, fugindo da agitação, poluição e violência, têm aumentado, no Brasil e no mundo, os cruzeiros marítimos.

Subcultura

A *subcultura* complementa e identifica com mais força a cultura. São grupos como religião, grupos raciais, regiões geográficas com padrões de comportamento e características tais que os distinguem de outros da mesma cultura.

Pode ser definida como uma subdivisão da cultura nacional com base em algumas características unificadoras, tal como status social ou nacionalidade, e cujos membros compartilham padrões semelhantes de comportamento que são distintos daqueles da cultura nacional. Exemplo de algumas características demográficas usadas para identificar subculturas:

- Nacionalidade (hispânica, portuguesa, italiana).
- Raça (negros, orientais).
- Região (nordestinos, sulistas).
- Idade (adolescentes, terceira idade).
- Religião (católica, umbandista, protestante).
- Classe social (classe média, classe baixa).
- Sexo (masculino, feminino).

Torna-se relevante para o marketing quando representa parcela significativa da população e pode ser usada para traçar padrões específicos de compra.

Classe social

A classe social indica uma camada específica numa sociedade e seu status correspondente. O comportamento de compra das pessoas é influenciado pela classe à qual pertencem ou aspiram pertencer. Apesar de não refletir a capacidade de gasto, as classes sociais indicam as preferências e os estilos de vida. O status de uma classe social, que varia de baixa a alta passando por níveis intermediários, apresenta comportamentos diferentes. O estilo de um carro, o tipo de bebida ou a maneira de se vestir sofrem influência da classe social à qual pertence (ou julga pertencer) determinado consumidor.

Há diferenças substanciais entre as classes sociais quanto ao comportamento de compra, o que leva as empresas a desenvolverem programas específicos dependendo da classe que se deseja atingir.

No início dos anos 2000, o Grupo Pão de Açúcar criou uma rede de lojas, a CompreBem, dirigida especialmente aos consumidores das classes C e D, com 160 lojas. Para isso, a empresa realizou mais de 40 pesquisas com o objetivo de estudar os hábitos de compra do seu público-alvo. O mais importante desses estudos aconteceu após 3 anos, em que executivos da empresa fizeram uma imersão na casa de alguns clientes e, por uma semana, conviveram com as famílias das classes C/D do café da manhã ao jantar. Dessa vivência, surgiu um diagnóstico que resultou em mudanças significativas na área de operações e comunicação dessa empresa.

Além da cultura e subcultura, as *classes sociais* são divisões relativamente homogêneas e duradouras de uma sociedade, e também influenciam o seu comportamento. São ordenadas hierarquicamente com **valores, interesses** e **comportamentos similares**. Assim, pessoas da mesma classe social têm comportamentos mais semelhantes que pessoas de outra classe e se consideram com mais ou menos *status*. Essa hierarquia deve ser considerada pelo marketing e vendas, pois certas classes não adquirem determinados produtos, sendo necessário utilizar a segmentação (ver Segmentação, página 93). A classe social é indicada por um grupo de variáveis, tais como: ocupação, renda, propriedades, local da moradia e grau de instrução.

Vale ressaltar que, durante a vida, as pessoas podem mudar de classe social.

Grupos de referência

São grupos que desenvolvem padrões de comportamento que irão se tornar referência para seus membros. São representados pela família e pelo círculo de amigos, compartilhando valores bem parecidos. Há grupos aos quais não se pode pertencer, apesar de desejado, como uma sociedade de honra numa universidade ou um clube e um time de esportistas profissionais. No entanto, não se deixa de sofrer sua influência.

Os **grupos de referência** exercem influência direta (face a face) ou indireta sobre atitudes ou comportamento das pessoas. A **influência direta** (grupos de afinidade) manifesta-se com mais intensidade na família, vizinhos, colegas de trabalho, grupos religiosos, profissionais e associações de classe.

Os **grupos de referência** têm forte influência na escolha de automóveis e TV, um pouco menos sobre marcas de móveis e roupas e uma relativa influência em cervejas e cigarros. Os líderes de opinião desses grupos são considerados pessoas estratégicas para o marketing e influenciação para vendas.

Podemos dizer que a família, amigos, colegas, papel social e status serão considerados pelo consumidor do produto turístico, por exemplo, em seu processo de escolha. Isso porque podem contribuir para a motivação de um indivíduo ao decidir sobre sua viagem de férias, negócios, treinamentos, etc.

Os fatores pessoais, tais como idade, estágio no ciclo de vida da família, ocupação, situação econômica, estilo de vida, personalidade e o próprio conceito de si mesmo, indiscutivelmente, terão influência na aquisição e consumo de produtos e serviços.

O grau de influência de um grupo de referência sobre o comportamento depende da natureza do indivíduo, do produto a ser consumido e de outros fatores sociais específicos, com destaque para a informação que o indivíduo tem sobre o produto. Lembre-se que estamos usando o conceito amplo de produto, podendo incluir ou ser também um serviço! **Quanto maior o conhecimento do produto, menor a influência do grupo de referência**. O grupo de referência com maior poder de persuasão é a família e influenciadores das redes sociais, por serem os principais núcleos influenciadores do consumo.

É mais provável sermos influenciados pela informação boca a boca dos grupos de referência, que por anúncios e vendedores! Especialmente quando vem da pessoa que confiamos e parece conhecer o produto. Publicitários utilizam personalidades conhecidas como anunciantes por serem referência para um conjunto amplo de pessoas.

Família e unidade residencial

Durante a vida, normalmente pertencemos a duas famílias: a que nascemos e aquela obtida a partir do casamento. Os principais valores e atitudes são determinados pela família em que nascemos. No entanto, é a família que construímos pelo casamento que mais influencia determinadas compras. Por exemplo, o tamanho da família é determinante na escolha de um carro.

Uma unidade **residencial** é formada por uma única pessoa, uma família ou um grupo que more junto, como uma república de estudantes. Nos dias atuais, há cada vez mais pessoas morando juntas fora do núcleo familiar de origem.

Os solteiros (ou aqueles que moram sozinhos) consideram a refeição uma hora solitária e costumam combiná-la com outras atividades, como ler ou trabalhar. Daí surgirem os alimentos de preparo instantâneo e embalagens para refeições individuais. Outra questão: qual será o tamanho ideal de uma geladeira para a residência de uma só pessoa? Qual será a atitude de quem mora sozinho em relação ao produto que faz propaganda em que mostra uma família com filhos usando seu produto?

Nas famílias, quem faz as compras? Quem influencia a decisão de compra? Quem toma a decisão de compra? E, finalmente, quem usa o produto? (Ver mais em Papéis que podem ser representados pelos membros de uma mesma família, página 66). Lembre-se que o entendimento profundo e respostas a essas perguntas serão fundamentais paras as suas estratégias de marketing e vendas, base para dobrar ou mesmo triplicar as suas receitas!

7.3 Forças psicológicas

É importante conhecermos o comportamento de compra e registros milenares em nossa memória, ao longo dos mais de 150 mil anos da evolução humana. Não precisamos conseguir alimento como nossos ancestrais pré-históricos, no entanto sentimos a necessidade ancestral da busca que vai se refletir em nossa atividade lúdica e na forma de nos abastecer. Nos supermercados, estamos num local aonde iremos "caçar" nosso alimento entre prateleiras e milhares de produtos, escolhendo aquilo que melhor atenderá às nossas pretensões. Como na floresta, onde nossos antepassados buscavam seus alimentos e agasalhos, os supermercados também mudam seus "arranjos", o que torna a nossa busca mais desafiadora. Uma comparação interessante.

Todo comportamento de compra se inicia com uma necessidade e a tensão por ela gerada.

Entre os fatores que influenciam o processo de decisão de compra vamos considerar os psicológicos tais como motivação, percepção, aprendizado, personalidade, crenças e atitudes (ver Figura 3).

Motivação

Por que, afinal, uma pessoa age?

Porque ela experimenta uma necessidade ou desejo! A motivação caracteriza-se por uma forte energia despendida numa ação através da qual desejamos ou procuramos obter algo. Várias teorias procuram explicar as motivações que orientam o comportamento humano.

Entre as várias teorias que buscam explicar as motivações e como elas orientam o comportamento, destacamos a behaviorista, a cognitivista, a psicanalítica, a de Herzberg e a humanista. Faremos um resumo de cada uma delas, para você compreender e identificar quais são as melhores para a sua realidade e negócios.

Behaviorista

Estudo da psicologia sob o enfoque de procedimentos objetivos que levou John B. Watson, no início do século XX, a formular a teoria psicológica do estímulo-resposta: todas as formas de comportamento podem ser analisadas como cadeias de respostas simples que podem ser observadas e medidas.

A motivação é baseada no conceito de impulso. O comportamento é uma função do impulso e do hábito, provocando uma reação um tanto instintiva.

Cognitivista

Cognitivismo é a teoria, doutrina e convicção segundo a qual a capacidade de conhecer o real e o espiritual, o real e o imaginário, o indivíduo e a sociedade está aberta ao homem (individual e/ou social) indefinida e ilimitadamente.

Por essa teoria, a motivação depende do modo como a pessoa percebe os fatores de influência. Nem sempre o que percebemos corresponde à realidade. Este conceito é aplicado nas estratégias de posicionamento (ver Posicionamento, página 103).

Psicanalítica

Fundada pelo neurologista austríaco Sigmund Freud (1856-1939), afirma que o comportamento humano é determinado por motivos inconscientes e também por impulsos instintivos. Tem grande influência no marketing por considerar a dimensão simbólica, além da funcional, do consumo. Ao adquirir um produto há outros componentes a serem considerados além de sua utilidade, como sua forma, cor (ver Tabela 2, página 86), nome, marca, etc. O motivo real para que uma pessoa compre um produto pode não ser evidente, nem para a própria pessoa. O marketing, por meio da teoria psicanalítica, percebeu que precisa apelar para os so-nhos, esperanças e medos dos consumidores. Sim, o medo da perda exerce uma força poderosa sobre a mente humana!

Teoria de Herzberg

Frederick Herzberg desenvolveu uma teoria que tem muita aplicação no marketing de serviços. Criou o conceito da satisfação e insatisfação em relação aos produtos, que chamou de "insatisfatores" e "satisfatores" para os fatores que dão insatisfação e satisfação, respectivamente.

A ausência puramente de um fator de insatisfação não quer dizer que alguém irá adquirir um produto, mas provavelmente *não deve adquiri-lo*. Somente os "satisfatores" vão estimular o consumo. Assim ficam explicadas as vantagens diferenciais competitivas, agregando valor ao produto. O marketing de serviços procura desenvolver ações que extrapolem as expectativas dos clientes. Encantá-los e surpreendê-los é a meta!

Teoria Humanista

O homem transcende à sua fisiologia, o que provoca as reações mecânicas e cognitivas a estímulos. Mais que isto, é motivado pelas necessidades internas e externas por meio de manifestações fisiológicas e psicológicas.

Entre os partidários dessa teoria destaca-se Abraham Maslow, que desenvolveu o que veio a ser conhecido como a Hierarquia das Necessidades (ver Figura 4 abaixo).

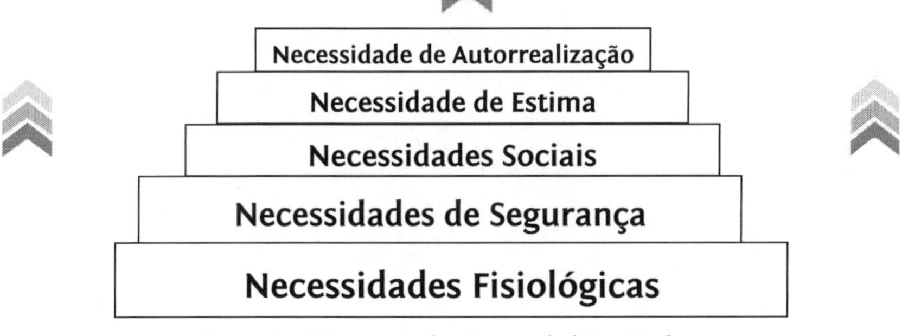

Figura 4 – Hierarquia das Necessidades – Maslow.

A teoria de Maslow se respalda em três hipóteses:

1. Temos diferentes necessidades que podem ser hierarquizadas segundo sua importância;
2. Procuramos satisfazer a necessidade que nos pareça mais importante;
3. Uma vez satisfeita a necessidade mais importante, procuramos satisfazer a necessidade seguinte.

De acordo com a Figura 4, acima, podemos observar que as necessidades vão crescendo na escala, à medida que vamos atendendo as de nível mais baixo. A maioria das necessidades, em um nível específico, deve estar satisfeita antes que a pessoa seja motivada a passar para o nível superior. O marketing caracteriza-se por explorar as necessidades de nível mais alto.

Percepção

As pessoas agem e reagem com base na realidade percebida. Um determinado fato pode ter conotações diferentes para um mesmo conjunto de pessoas, pois o mundo real é percebido por elas de maneiras distintas.

Percepção é o processo de reconhecer, organizar e dar significado às informações ou estímulos percebidos pelos cinco sentidos. É assim que compreendemos o mundo no qual vivemos. A percepção desempenha um papel importante no estágio da "identificação das alternativas" do processo de decisão de compra.

Tracy Chevalier em seu livro "A moça com brinco de pérola" descreve uma cena na qual Jan Vermeer (1632-1675), pintor holandês que se destacou pelos seus retratos de cenas de interior cheias de serenidade, ao procurar uma criada para trabalhar em sua casa, observou que ela preparava uma salada conservando certa composição entre as verduras, mantendo-as separadas por cores. Como pintor, o fato chamou sua atenção e foi surpreendido pela resposta da jovem, que nem sabia ler: "As cores brigam entre si". Sua percepção sobre as cores era extremamente apurada. Essa jovem serviu de modelo para a pintura "Moça com turbante", mostrada na figura ao lado.

Gerenciar a percepção faz parte dos cuidados com a marca! As marcas têm uma personalidade própria que é identificada com sentimentos e comportamentos bons ou ruins. Estudos recentes identificaram os atributos mais admirados pelos brasileiros quanto às marcas: credibilidade, diversão e audácia, nesta ordem. A percepção dos brasileiros em relação a algumas marcas é marcante e peculiar.

Num estudo americano, as pessoas de mais idade associavam lembranças agradáveis ao aroma natural de cavalos, flores silvestres e feno. Já os mais jovens tinham lembranças agradáveis de locais de espetáculo e, por incrível que pareça, dos combustíveis dos aviões.

É fato comum a odorização de certos ambientes comerciais para tornar o ato da compra mais agradável. O mesmo acontece com os aspectos visuais, sonoros, etc.

E qual a razão para percebermos um mesmo fato, ou produto, de maneiras diferentes?

As percepções variam de acordo com três processos:

Atenção seletiva

Processo que permite a seleção dos estímulos aos quais estamos expostos. Lembramos que somos submetidos a um enorme volume de estímulos diariamente e que desenvolvemos processos para selecionar, baseado num conjunto de fatores, aquilo que possa a vir nos interessar. Se não tivéssemos esse filtro, seríamos "intoxicados" pelo excesso de informação.

Distorção Seletiva

Usamos uma estrutura de referência para comparar os estímulos recebidos com o nosso pré-julgamento. Quando há uma distorção, a informação poderá ser "deformada" para se adaptar às crenças estabelecidas em nossa estrutura de referência.

Retenção Seletiva

Aquilo que retemos de toda a informação que recebemos. Um indivíduo retém a informação que está de acordo com suas crenças.

O consumidor julga um produto com base em sinais intrínsecos e extrínsecos ao produto, tomados em conjunto ou separados. Os aspectos intrínsecos referem-se às características físicas como embalagem, peso, design e cor, enquanto os sinais extrínsecos dizem respeito a preço, imagem da marca, local de origem, etc.

Mesmo as mensagens recebidas sem distorções pelo consumidor estão sujeitas à retenção seletiva. É por essa razão que as propagandas são repetidas inúmeras vezes, para que causem a gravação da mensagem desejada pelo anunciante na memória das pessoas.

Aprendizagem

Em marketing, conceitua-se aprendizagem como o processo pelo qual os indivíduos adquirem o conhecimento e a experiência de compra e consumo. Trata-se de alterações comportamentais resultantes da observação e experiência, isto é, mudanças no conhecimento, atitudes e comportamento.

Teorias Behavioristas

De acordo com a teoria de **estímulo-resposta** (ver página 74), o aprendizado se dá quando:

A pessoa responde a alguns estímulos com determinado comportamento;

A pessoa é recompensada por uma resposta correta ou penalizada quando a resposta é incorreta.

E, finalmente, quando a mesma resposta correta é repetida como reação ao mesmo estímulo, dizemos que está ocorrendo o **aprendizado**.

Assim, o aprendizado se faz através de quatro mecanismos:

Aprendizado cognitivo

Por meio da informação obtida a partir da comunicação escrita ou oral. Antes de efetuar uma compra a pessoa lê, faz perguntas, examina as condições do produto e pesquisa na Internet buscando informações para a decisão.

Condicionamento clássico

Ocorre por meio de **associaç***ões*. Por exemplo, a TIM por vários anos procurou associar a sua marca ao sentimento de *liberdade* – "viver sem fronteiras"; uma viagem de navio geralmente procura associar sua experiência à tranquilidade e segurança, o cigarro Marlboro há bastante tempo procurou associar a sua marca à virilidade do caubói americano.

Condicionamento instrumental

Reação do consumidor quando detecta uma compensação. Tem sido usado no caso da milhagem, pacotes de benefícios nos serviços bancários ou abastecimento na rede Ale por acreditar na qualidade do combustível ali vendido, por exemplo.

Moldagem

O aprendizado se dá por meio da observação de outras pessoas.

Uma produtora de queijos, a Campo Verde Alimentos, para promover seu novo produto nos supermercados paulistas, realizou uma minuciosa estratégia de marketing, com material impresso próprio para pontos de venda (PDV), degustações e até a colocação do produto em gôndolas pouco usuais. "Embalagens com queijo já preparado para saladas, por exemplo, podem ser encontradas entre as verduras, para incentivar o consumo", afirmou a empresa na época da campanha. "O brasileiro ainda consome pouco queijo, cerca de cinco quilos por ano por habitante, em comparação com os 11 quilos consumidos pelos argentinos, ou os 26 quilos dos Franceses". Uma das formas de aumentar o consumo é *criando novos hábitos*. Lembre-se sempre disso!

Crenças e atitudes

Crença é a convicção que se tem sobre algo. Remédio bom é amargoso, sabonete tem que espumar para limpar, para desinfetar um ferimento deve-se usar algo que arda.

São exemplos de crenças sem necessariamente respaldo pela verdade. Uma estratégia de marketing deve levar em conta as crenças relacionadas com o negócio e considerar que as crenças mudam. É possível também mudar as crenças, mas não é recomendável usar a mudança de uma crença como estratégia, pois demanda muito tempo e pode causar reações imprevistas.

Fundamental, nesse ponto, entendermos a *atitude* como uma predisposição aprendida para responder a um objeto ou classe de objetos de modo coerentemente favorável ou desfavorável. É a inclinação, favorável ou desfavorável, de uma pessoa em relação a um produto, marca, empresa, etc. Isto decorre de uma predisposição em relação a determinado objeto, decorrente de uma experiência ou informação e que condicionam o comportamento de um indivíduo.

A atitude é um estado mental de prontidão, organizado através da experiência, que exerce uma influência direta sobre a resposta do indivíduo a todos os objetos e situações com os quais se relaciona.

Observe a importância desse conceito para o estudo do marketing e vendas quando afirma que constantemente estaremos "ligados" (estado mental de prontidão) nas situações em que precisamos decidir, baseados nas informações acumuladas ao longo do tempo. O momento de compra (decisão sobre o que comprar) utilizará toda nossa experiência e conhecimento no sentido da escolha do produto. Aqueles que melhor souberem "trabalhar" os ingredientes que irão contribuir para a formatação da atitude do cliente obterão os melhores resultados. Objetivo fundamental do marketing é provocar motivação, paixão e atitude proativa para a aquisição do seu produto!

As atitudes podem prever acontecimentos. Se um consumidor é ligado ao meio ambiente ele será favorável, terá uma atitude positiva, em relação a um produto que não seja agressivo à natureza. Por isso, é comum aos profissionais de marketing a identificação das atitudes antes de lançar um produto. Ao tentar determinar a atitude de um consumidor é preciso definir claramente o **objeto**, pois uma pessoa pode ser favorável a exercícios físicos, mas ser avesso à natação.

As atitudes são **estáveis** e **generalizáveis**. Quando se forma uma atitude, ela prevalece no tempo e quanto mais tempo perduram, mais fortes se tornam. Quando temos uma atitude favorável a uma cidade, temos a tendência de gostar das pessoas e produtos daquela cidade. O mesmo ocorre em relação à marca: se há uma ideia favorável em relação à Nestlé, é comum uma atitude favorável quanto aos produtos e experiências relacionadas a essa marca.

7.4 Fatores Situacionais

Os fatores situacionais são forças temporárias que influenciam o comportamento de compra e que estão associadas a esse ambiente. Essas forças são menos significativas quando há uma ligação do consumidor com uma determinada **marca** ou quando há um forte **envolvimento na compra** (ver Observações sobre a decisão de compra, página 65).

“Quando” os consumidores compram: a dimensão temporal

São três as questões relacionadas ao tempo e que têm influência na compra: Qual a influência da **estação, semana, dia** ou **hora**?

O café da manhã demanda certos produtos, como suco de laranja, café, leite, bolos, cereais, biscoitos e pães. Uma mensagem publicitária para produtos relativos à Páscoa deve atingir o consumidor no momento em que ele está mentalmente favorável a comprar aquele tipo de produto. Da mesma maneira, os brinquedos no dia das crianças, flores no dia das mães, etc.

Os cinemas dão descontos nos dias da semana em que a frequência é menor, o mesmo ocorrendo com os cupons em supermercados.

Ocorrências passadas

Os comerciantes devem saber também de quanto em quanto tempo as pessoas saem para jantar num restaurante mais sofisticado, para planejar seu atendimento. As ocorrências passadas serão úteis nas previsões!

Pressão do tempo nas pessoas

A falta de tempo das pessoas aumentou o número de *fast foods* e de outros serviços rápidos, como troca de óleo, alinhamento, reparo de roupas e calçados, etc. A economia de tempo é um fator presente em muitas ações de marketing, pois funciona!

Onde os consumidores compram: o ambiente físico e social

O ambiente físico refere-se às características do ambiente que podem ser percebidas pelos sentidos, como iluminação, aromas, temperaturas e sons.

Há vários estudos envolvendo cores, aromas, som ambiente, etc. relativos ao comportamento de compra. A indústria automobilística mantém uma equipe de químicos especialistas em **odor** para garantir o agradável e cobiçado cheiro de **carro novo**. Aquela fragrância deve ser mantida sob condições saudáveis, além de agradáveis, evitando odores que possam causar alergia ou alguma conotação não esperada.

Uma experiência americana envolvendo compradores em supermercados constatou que ao se mudar o tipo da música ambiente, de mais rápida para mais lenta, obteve-se um aumento nas vendas de mais de 30%. No entanto, os compradores relataram que prestavam pouca atenção à música.

Como os consumidores compram: as condições de compra

Condições de compra, como os termos da venda, local de entrega, horas de assistência técnica e suporte pós-venda, têm forte influência na hora da compra. O cartão de débito/crédito já faz parte da rotina dos consumidores, que evitam andar com o dinheiro em espécie.

A comodidade de receber suas compras em casa, como TV, geladeira, livros e tudo mais, já é um hábito que torna difícil a venda da loja que não dispuser desses serviços. Para cada tipo de negócio e perfil de consumidor há condições de compra que devem ser consideradas!

Condições em que o consumidor compra: estado de alteração do humor

Um estado temporário pode afetar o processo de compra de um indivíduo. Se você está com pressa ou indisposto, sua paciência para entrar numa fila ou esperar uma resposta torna-se crítica. Sentimentos como raiva ou animação podem levar o indivíduo a efetuar compras que não ocorreriam normalmente.

Em longo prazo, há influências situacionais que podem influenciar bastante no ato de compra. No primeiro ano do Plano Real, houve mudanças expressivas nas vendas. A inflação contida causou uma modificação no conjunto de produtos vendidos e pessoas que não tinham acesso ao iogurte, por exemplo, causaram um aumento na demanda desse produto de quase 80%. Já o processo de baixo crescimento econômico associado a um novo governo, em 2003, provocou uma queda na demanda interna de cerca de 6%. As empresas, ao analisarem as ameaças e oportunidades em seus planejamentos estratégicos, podem atuar no sentido de aproveitar ou amenizar possíveis alterações na demanda do seus produtos e serviços. Ao entender esses tópicos, e praticá-los ativamente, você será capaz de influenciar poderosamente as suas vendas!

8. Mais Sobre Marketing, Para Dobrar Suas Vendas

Significado das cores

Vários setores reúnem periodicamente seus associados para discutirem e planejarem as cores de novos produtos. No primeiro semestre, são escolhidas as cores dos produtos para o segundo semestre. O grupo é formado por especialistas em cores da indústria automobilística, fabricantes de produtos têxteis, tintas, móveis, eletrodomésticos e outros setores. A partir das preferências do consumidor, estudam as tendências em relação ao uso das cores, pois reconhecem que elas transmitem um importante significado. No quadro abaixo, apresentamos uma tabela relacionando as cores e seus impactos no consumidor.

O significado das cores	
Cor	**Impactos no consumidor**
Vermelho primário	Intensifica a agitação, medo ou raiva
Rosa vivo	Calmante
Vermelho com base em amarelo	Instintivamente preferida por homens
Vermelho com base em azul	Instintivamente preferida por mulheres
Verde floresta	Indicador de alto status
Amarelo	Aumenta a ansiedade e o descontrole emocional
Azul céu	Tranquilizante natural
Azul pálido	Estimula a fantasia

Tabela 1 – Adaptação do autor.

Na formatação e gerência de produtos e/ou marcas, leva-se em conta o comportamento do consumidor definido como **alvo** pelo marketing. Seus gostos e preferências são levados em consideração nas tomadas de decisões, de todo nível, em relação aos produtos e serviços. Lembre-se que as pessoas agem porque experimentam uma necessidade ou desejo.

No início deste livro, citamos que um dos objetivos do marketing é tornar a venda supérflua, quase uma consequência natural de uma série de estímulos e contextos. Se conhecermos bem o nosso cliente, sabermos como ele se comporta em relação ao produto que queremos que adquira, a venda será uma consequência relativamente normal. Lembre-se sempre e sempre: quanto maior o seu conhecimento sobre o que leva seus clientes a comprarem, melhor "encaixará" seus produtos em suas preferências! Todo esforço financeiro e de tempo, nesse sentido, é poderoso investimento para aumentar suas receitas!

8.1 O marketing e o odor

A Biomist, empresa que produz fragrâncias para aromatizar lojas, bancos e fábricas em Belo Horizonte (MG), tem como negócio o que se convencionou chamar de marketing olfativo. Como referência internacional, a Kopenhagen seguiu firme ao aplicar este conceito desde o início do século XXI. Se fosse um desenho animado a cena seria mais ou menos assim: a personagem passa em frente à loja e uma "nuvenzinha" com cheiro de chocolate invade seu nariz. Inebriado, ele entra no estabelecimento e sai com uma sacola cheia de guloseimas. O curioso nessa história é que, com exceção da "nuvenzinha", a cena acima é real e vem se repetindo com frequência nas lojas da Kopenhagen, provocando aumentos significativos nas suas vendas. Esse bom desempenho é fruto, entre outras iniciativas, da aposta da empresa numa ferramenta que está cada vez mais se disseminando no mercado. Trata-se do marketing olfativo, uma estratégia que visa dar identidade à marca e conquistar a fidelidade do cliente pelo cheiro. O aroma que provocou tanto sucesso não vem dos excelentes chocolates, mas foram desenvolvidos sob medida pela empresa Biomist, que tem entre seus clientes empresas do porte do Santander, Bayard, Toyota, Levi´s e LG.

Nesse contexto, uma palavra ganhou força para identificar a tecnologia que separa os componentes voláteis existentes nos produtos: **perva-**

poração. Várias empresas atualmente utilizam a técnica de pervaporação, em especial a EMBRAPA se destacou pela utilização na cadeia produtiva do café, tendo identificado mais de 800 compostos voláteis. Uma aplicação prática foi a recuperação de boa parte do aroma do café, que se volatilizava facilmente. Isto resolveu o problema que havia com milhões de sacas equivalentes em café solúvel exportadas anualmente pelo Brasil, com a reposição do aroma volatilizado. E já estava sendo utilizada também na obtenção de aromas de laranja, limão e outras frutas. (Ver mais sobre o assunto em Percepção, página 76).

Motivos para Viagens

Conforme vimos, a **motivação** caracteriza-se por uma forte energia despendida numa ação visando objetivos definidos. É um processo dinâmico no comportamento do consumidor, fazendo a ligação entre uma necessidade sentida e a decisão para agir, como a decisão de compra. Uma necessidade provoca um estado de tensão no indivíduo e essa tensão será suprimida ao atender a necessidade que o incomoda. A ação que o leva a atender essa necessidade tem a ver com o nível de sua motivação. Quando estamos motivados a gozar uma semana de férias caminhando na Estrada Real, torna-se mais fácil tomarmos a decisão de adquirir um pacote condizente com nosso desejo. Quanto mais motivados, mais seremos levados à aquisição do pacote! É por isso que ações de marketing procuram identificar e estudar as várias motivações que poderão induzir à aquisição, ou não, dos produtos e serviços.

Na tabela abaixo, mostramos os principais motivos de viagem e turismo, a partir de estudos recentes, levando em conta o comportamento do consumidor e suas motivações:

MOTIVOS para viagens	FINALIDADE
Trabalho/negócios	Abrir mercados no setor público e privado Conferências/exposições/seminários Viagens relacionadas ao trabalho (piloto, motorista, etc.)

MOTIVOS para viagens	FINALIDADE
Físicos/psicológicos	Atividades esportivas em locais cobertos Recreação ao ar livre (golfe, caminhadas, navegação, etc.) Atividades visando saúde e estética (Spa) Descanso para aliviar o stress Busca de calor/sol/praia
Educação	Festivais, teatro, música, museus (espectador/artista) Cursos e atividades: intelectual, habilidades, etc. Visita a patrimônio cultural ou natural. Ecoturismo.
Sociais e étnicos	Visita a amigos e parentes Viagem, ordem social, para casamentos e funeral Acompanhar cônjuge em viagens de negócios/sociais Visita a local de nascimento. Exploração de razões históricas.
Entretenimento, Diversão, prazer, Passatempo	Assistir a jogos e outros eventos Visita a parques temáticos de diversão Fazer compras de lazer fora da rotina
Religiosos	Participar de peregrinações Participar de retiros para meditação e estudo.

Tabela 2 - Adapatação do autor.

8.2 O Marketing "Um a Um"

O marketing de massas era eficiente quando o consumidor tinha poucas opções de escolha, mas atualmente tudo evoluiu e é preciso aumentar a vida útil dos clientes, fazê-los comprar mais e sempre. Estão mais maduros, exigem alternativas e inovações com uma velocidade muito grande. Ao entender e atender bem cada cliente ou grupos de clientes, ficam cativados pelo bom atendimento e ofertas específicas direcionadas a cada um. Além disso, a empresa terá informações relevantes sobre seus gostos tornando-os dependentes (no bom sentido) deste conhecimento e ofertas direcionadas.

A indústria automobilística tem condições de montar o carro de cada um. As informações sobre seu gosto ficam armazenadas e o fornecedor a qualquer momento pode abordá-lo falando o que você quer ouvir. Um restaurante pode montar os cardápios que seus clientes preferem, individualizados. Com equipamentos, tecnologia, base de dados na nuvem e diálogos, dia a dia vai-se garimpando informações que estarão segurando a competitividade e prosperidade do seu negócio. O esforço financeiro para se conquistar um novo cliente chega a cinco vezes o de reter o atual cliente, em média.

Da imensa carga de mensagens publicitárias que recebemos por dia, a maior parte vai para o "lixo". Guardamos pouco mais de meia dúzia. No abordagem "Um a Um", uma das principais regras do novo marketing é "jamais perguntar a mesma coisa para o mesmo cliente duas vezes".

O marketing de relacionamento e o CRM (*Customer Relationship Management*)

O marketing de relacionamento prega que as vendas não dependem apenas da obtenção de novos clientes, mas da retenção e desenvolvimento dos clientes atuais. O CRM é o conjunto de procedimentos para gerenciar o relacionamento da empresa cm os clientes e garantir os propósitos do marketing de relacionamento.

É o "marketing da reclamação", em linguagem simples. Uma reclamação é uma preciosa fonte de informações gratuitas que deve ser tratada com atenção. Ela pode apontar um deslize de um procedimento gerencial que precisa ser corrigido. Reclamações repetidas sobre o mesmo tema já refletem uma incompetência gerencial, pois a correção no procedimento ou produto/serviço não foi realizada. É preciso surpreender o cliente que nos leva uma reclamação, mostrar interesse em atender e resolver. Isso tem que ser transmitido de maneira forte e sincera, pois custa muito caro um novo cliente sendo uma decisão inteligente manter os clientes lucrativos atuais. Vamos segurar os clientes que temos e receber todos os dados de quem reclama, analisar e armazenar. Nosso produto deve incorporar estas sugestões, pois o cliente é nosso maior ativo! Preocupe-se se não ouvir reclamações: pode significar distância por parte dos clientes, que simplesmente estão indo para o concorrente sem dizer nada.

Quem adota essa filosofia do relacionamento em sua empresa, sabe que o bem mais precioso da corporação não é apenas o produto ou o serviço que oferece, mas também o cliente. Basta pensar um pouco nas seguintes questões: o que é mais caro, o cliente perdido ou o relacionamento? Quem é mais difícil, o novo cliente ou aquele que já comprou uma vez? O que é necessário para gerenciar clientes? Relacionamento é saber quem é, como, onde, quando e porque compra seus produtos e serviços.

As premissas do relacionamento é o respeito e a confiança. Respeito ao contrato e normas estabelecidas de comum acordo e, fundamentalmente, respeito às características individuais de cada um dos envolvidos com a outra parte. Confiança no cumprimento das promessas feitas, entrega de valor coerente e contínua. Essa filosofia deve ir além da relação empresa-cliente, também abraçando as relações empresa-fornecedor e com outras empresas, considerando potenciais sinergias com concorrentes, como fez a Ambev.

Objetivamente, há dois tipos de clientes, no que diz respeito às reclamações: os que fazem suas reclamações diretamente à empresa e os que reclamam da empresa para os outros, incluindo os não clientes. Estes são os mais perigosos, pois podem ir minando a estrutura da organização sem que esta saiba o que deve ser corrigido. Aquele que reclama diretamente com a empresa está atuando como consultor e deve ser escutado. Ao entrar em contato com a empresa, demonstra que ainda acredita na instituição e quer dar mais uma chance a ela. Sendo ouvido e atendido, mas principalmente ouvido, provavelmente continuará como cliente, divulgando e consumindo os seus produtos.

Dicas importantes:

- Saiba realmente quem é o seu cliente.
- Descubra o que ele quer.
- Fabrique exatamente o que ele quer e entregue no prazo acertado.
- Produza com qualidade compatível à do concorrente, depois personalize.

A tecnologia atual dos bancos de dados e "na nuvem" permitem que se armazene todas as informações que estejam ligadas ao nosso cliente. A **todos** os nossos clientes! Podemos hoje, sem dúvida, atuar fortemente de acordo com o marketing um a um.

Produto Ampliado

Produto é algo que pode ser oferecido a um mercado, para sua apreciação, aquisição, uso ou consumo, podendo satisfazer a um desejo ou uma necessidade. Além da concepção comum do produto no seu aspecto físico, como automóvel, ovos, livros, abacaxi, etc. aparece também em:

• Serviços: pacotes de satisfação que proporcionam utilidades objetivas e subjetivas, como corte de cabelo, concertos, férias.

• Pessoas: Chico Buarque. Compramos seus discos, livros, shows, filmes.

• Lugar: Curaçao, Bahamas, Ouro Preto, Londres, Paris, São Paulo.

• Organização: Cruz Vermelha, ONU, Médicos Sem Fronteira, etc.

Ideia: planejamento familiar, proteção à natureza, combate à corrupção.

Produto núcleo é o que o comprador está realmente comprando, aparentemente. O produto núcleo deve ser convertido em um produto tangível que pode ter cinco características básicas:

- Nível de qualidade
- Características
- Estilo
- Marca
- Embalagem

O especialista de marketing trabalha com o conceito de **produto ampliado** (ver Figura 5), que são os serviços adicionais e benefícios que serão acrescentados ao produto tangível, como a garantia.

O **produto potencial** consiste em tudo potencialmente viável e capaz de atrair e manter clientes. Trata dos benefícios que poderão ser agregados ao produto, sempre que for possível. Características são o que o produto incorpora, benefícios são o que motivam o comprador, pois entende-os como algo positivo.

Vejamos um exemplo de **produto ampliado**:

Uma propaganda radiofônica de um consórcio de veículos usava nitidamente o conceito de produto ampliado. O locutor chamava a atenção do ouvinte para que observasse a diferença entre um Volkswagen, que se ouvia perfeitamente acelerando ao fundo, e um outro Volkswagen, também acelerando em segundo plano. O ouvinte não percebia qualquer diferença. Então o locutor complementava:

"É claro, o Volkswagen é o mesmo, a diferença está no consórcio!". Neste exemplo, vemos claramente o automóvel como o produto tangível, sendo acrescido de algo mais, sendo **ampliado,** o que levará a um acréscimo no seu valor.

Outro ótimo exemplo é o telefone celular, que chegou a um nível imenso de ampliação do produto original! Falar e ouvir já se perdeu entre tantos outros benefícios disponíveis no aparelho, que atualmente é uma plataforma multimídia, multitarefa, repleta de aplicativos e que interage com o mundo todo.

Figura 5 – Adaptação do autor.

O produto ampliado permite acrescentar um diferencial ao nosso produto (Ver Ainda sobre Diferenciação, página 100).

Níveis de produto

De maneira complementar, podemos identificar cinco níveis de produto: **benefício central, produto básico, produto esperado, produto ampliado e produto potencial**. Segundo seu conceito, esses níveis mostram um crescimento do valor do produto à medida que sai de um produto básico e chega ao produto ampliado, visto na seção anterior.

O nível básico em que encontramos o produto na sua forma bruta, o núcleo do que compramos, denomina-se **benefício central**. Algo para protegermos os pés ao andarmos, por exemplo. No nível seguinte deve-se transformar o benefício central num **produto básico**, como sapatos, botas, tênis, entre outros. No terceiro nível, deve-se procurar conhecer o que seu cliente espera do produto, é o **produto esperado**. Se for adquirido um sapato e você atende a um público mais sofisticado, ele espera que tenha um design moderno, seja confortável, durável e outros atributos que seu segmento dê valor e que deve ter sido motivo de análise pela empresa.

O quarto nível, **produto ampliado,** é aquele em que a empresa deve mostrar que realmente faz a diferença! É o nível no qual os competidores se diferenciam e a competitividade ocorre. É nessa etapa que se constrói o momento da verdade e a mesmice não tem espaço! Por este conceito devem-se exceder as expectativas do cliente. Conhecer seus desejos não é suficiente, deve-se ir mais à frente: procurar descobrir e entender **os sonhos dos clientes, antecipa-los, transforma-los em experiências reais**. Oferecer algo que eles não imaginavam existir, com que não contassem. É difícil mas é possível, lembre-se da Disney, da Apple, da Ferrari, da Nasa, do garçom do seu bairro que "lhe conhece como ninguém e faz tudo exatamente como você gosta".

9. Segmentação de Mercado

Decisão básica:

Qual será nossa estratégia básica: tratar nossos clientes como um conjunto homogêneo, sem desejos diferentes ou agrupá-los em conjuntos de clientes com fortes semelhanças quanto aos desejos e motivações de compra? Sem segmentação ou segmentado? Marketing de *massa* ou de *segmentos*?

É um dilema que incomoda empresas de todos os setores e não seria diferente com você. Quanta atenção e dinheiro devem ser dispensados a novos setores que são menos lucrativos que os atuais? Quantos darão certo?

A vantagem que a Pepsi já conseguiu obter sobre a também gigante Coca-Cola, em parte foi causada por uma falha desta em não distinguir conjuntos de clientes com necessidades distintas das que atendia. A Coca-Cola não enxergou poderosos segmentos que surgiram e aos quais até então não tinha aderido: bebidas energéticas, chás, sucos naturais e água mineral. Depois precisou correr atrás do prejuízo e hoje tem uma vasta gama de bebidas refrescantes e de diversos tipos.

Marketing de massa

O mercado é tratado de maneira homogênea, entende que não há diferença entre os consumidores e faz o mesmo para todos.

Marketing de segmentos

Os consumidores têm comportamentos comuns quando pertencem a certos agrupamentos. É altamente positivo desenvolver produtos específicos para cada segmento a fim de atender aos gostos diferentes, pois está aumentando a precisão com que o produto preenche os desejos do consumidor, que por sua vez estão a cada dia mais exigentes. O limite máximo que podemos atingir no sentido de focar o cliente é o marketing um a um, como visto anteriormente.

Um estudo da consultoria Booz Allen, divulgado pela revista Exame com 37 companhias de diferentes setores no Brasil, revelou a importância da segmentação. A receita obtida no conjunto formado pelas empresas com os modelos mais eficientes de segmentação apresentou um crescimento três vezes superior ao do grupo das que não souberam segmentar seus mercados. Ao se comparar os grupos, a lucratividade das melhores foi cinco vezes maior!

Apesar de se falar tanto sobre a importância da segmentação, a sua utilização ainda é precária e poucas empresas sabem segmentar. As empresas não conseguem encontrar o equilíbrio entre o que é bom para o consumidor e o que é bom para elas. Entre os erros mais comuns está o de levantar um monte de informações sobre os clientes e depois não saber como agrupá-las ou o que fazer com elas. Outra falha é criar produtos e serviços novos para os quais a companhia não tem a estrutura necessária para ofertar.

Segmentação

O processo de segmentação consiste na divisão de um mercado mais amplo em partes que melhor atendam aos objetivos de aumentar as receitas da empresa. Isto nos permitirá focar a atuação em conjuntos de clientes conhecidos e, para os quais, teremos um uma combinação de produtos, serviços e experiências mais adequadas, **sob medida**. A segmentação é a base para a definição dos objetivos e metas, elaboração do orçamento e o planejamento do marketing. Após a segmentação, é possível gerenciar a marca e estabelecer uma comunicação objetiva e relevante com o cliente alvo.

Consiste em: entender o todo e fatiar o mercado em mercados menores; considerar clientes atuais e clientes em perspectiva (potenciais); juntar membros com características semelhantes. E por que isto? Para desenvolver, produzir, melhorar e comunicar produtos, serviços e experiências adequadas a cada segmento.

Nesse sentido, no turismo há uma característica específica que deve ser levada em conta. O governo, as associações e as entidades de classe têm que, além da segmentação, manter um sistema genérico e amplo de informações turísticas que poderá ter, no máximo, uma segmentação por região. Com isso, queremos dizer que não serão necessárias informações sobre galerias e pinacotecas em pleno Pantanal, por exemplo.

No entanto, um turista que tenha escolhido Minas Gerais para suas férias tem o direito de receber informações precisas e de fácil acesso sobre o que o Estado oferece em termos de gastronomia, cachaça, cachoeiras, turismo radical, museus, bares, cidades históricas, etc. Estas informações, que atendem a determinados segmentos de mercado, devem ser proporcionadas a todo o turista por entidades de turismo, associações comerciais, regionais e estaduais e pelo poder público por meio de órgãos específicos como a Belotur (empresa municipal de turismo de Belo Horizonte), Secretaria Estadual de Turismo, Secretarias Municipais e Polícia Militar. É preciso proteger, orientar e informar o turista, registrando informações para serem consideradas em decisões futuras.

Algumas características da segmentação

Antes de mostrarmos alguns tipos de segmentação reforçamos que, ao definirmos um segmento, devemos levar em consideração as seguintes características:

Mensurabilidade: o segmento pode ser quantificado?

Acessibilidade: o segmento pode ser atingido por meio de propaganda específica, equipe de vendas, transporte ou armazenagem?

Substancialidade: o segmento tem um tamanho suficiente para merecer atenção da empresa?

Lucratividade: há volume de lucros potenciais suficientes para fazer com que valha a pena abordar o segmento?

Compatibilidade com a concorrência: o segmento é muito ou pouco disputado pela concorrência?

Eficácia: a empresa tem a capacidade de atender de forma adequada esse segmento?

Defensibilidade: nesse segmento é possível se defender contra um ataque dos concorrentes?

O segmento deve também ser **identificável**, isto é, o cliente deve ser reconhecido por meio de fatores predeterminados, como as companhias aéreas fazem.

Tipos de segmentação

Geográfica: bairro, cidade, estado, país.

Demográfica: Idade, sexo, domicílio, família, ciclo de vida.

Socioeconômica: Classe de renda, instrução, ocupação, "status".

Padrões de consumo: Frequência e local de compra.

Benefícios procurados: Satisfação sensual, prestígio social, atendimento.

Atributos psicográficos: Traços da personalidade, psicológicos.

Os psicólogos medem os atributos psicográficos a partir de características como confiante ou tímido, gregário ou solitário, neurótico ou equilibrado, tenso ou relaxado, ousado ou não. A segmentação, em termos práticos, poderia ser por classe social (classe operária, média, alta), estilo de vida (metódico, impulsivo, intelectual), personalidade (compulsivo, sociável, ambicioso) e relacionamento interpessoal (individualista, extrovertido, gregário).

Os erros na segmentação

Os sete erros mais comuns cometidos pelas empresas nos programas de segmentação são:

1. Faltam pesquisas e tecnologias para identificar os diferentes clientes.
2. A empresa tem informações sobre os clientes, mas não sabe o que fazer com elas.
3. A análise dos clientes é limitada a aspectos sócio demográficos, como idade e renda.
4. A empresa não sabe quanto os clientes pagariam a mais por um serviço sob medida.
5. A relação entre o investimento e o retorno de cada grupo de clientes não é levantada.
6. Os funcionários não são treinados para lidar com segmentos diferentes de clientes, tratando todos da mesma forma.
7. A alta gestão não se envolve e a estratégia de segmentação naufraga.

9.1 Os benefícios da segmentação

A segmentação propicia vários benefícios às empresas. Em especial, as empresas de menor porte têm dificuldades em disputar mercados com empresas maiores, quando não utilizam a segmentação. Entre seus principais benefícios, destacam-se:

- Permite a combinação de mercados-alvo com as competências e habilidades da organização. Permite que empresas menores criem nichos de mercado defensáveis e onde seja mais difícil a entrada das grandes.
- A identificação de lacunas de valor no mercado, ou seja, benefícios valorizados pelos clientes mas que não atendidos ou são parcialmente atendidos.
- Identificação, nos mercados maduros, de segmentos específicos que ainda estão em crescimento. Concentrar-se nesses segmentos, num mercado estagnado ou em declínio, permite resultados financeiros representativos nos estágios finais do ciclo de vida de um produto.

Maior facilidade para a equipe de marketing adequar o produto, comunicação e serviços para melhor atender às necessidades do mercado-alvo;

Uma empresa que não utiliza a segmentação, optando por uma estratégia de massa, num mercado onde a concorrência trabalha com segmentos, leva grande desvantagem e certamente venderá muito aquém da sua capacidade!

9.2 Nichos

São pequenos segmentos dentro de segmentos maiores, precisando de ofertas mais específicas. Características principais: conhecimento profundo e detalhado dos clientes, menos concorrentes, competitividade pela alta diferenciação, maiores margens de lucros.

A rede de televisão CNN International atende um mercado especial. Seu cliente deve falar inglês. Sua grade de programação é direcionada para o executivo global que precisa estar a par do que acontece no mundo. Esse é o seu objetivo: atingir pequenos nichos de mercado formado por pessoas especiais, com alta renda e que fazem muitas viagens internacionais. Como está presente em vários países do mundo, o somatório de pequenos conjuntos de consumidores nesses países torna altamente lucrativa a rede CNN que, na verdade, consegue atingir um grande contingente de altos executivos.

Quando uma empresa quer divulgar sua rede internacional de hotéis, seu jatinho executivo, um raro relógio de ouro, um BMW ou uma limusine Mercedes, sabe que anunciando na CNN seu produto chegará ao segmento que lhe interessa. Dobrar as receitas exige perspicácia e inteligência para dar "o tiro certo"!

10. Diferenciação

Concentre-se nos principais motivos de compra do seu cliente!

Na realidade, não existe essa coisa chamada *mesma mercadoria*. Todos os produtos e serviços podem e devem ser diferentes! É fundamental, como parte desse processo, você comunicar adequadamente todos os seus diferenciais, formando a percepção sobre o que quer destacar. Se você tem algo mas não comunica fortemente é como se não tivesse.

Após a definição do segmento foco das atenções, do público-alvo, é o momento de pesquisar e identificar, em relação ao produto e toda a sua oferta ao mercado, algo com valor para o segmento escolhido. Aquilo que os tornará diferentes. A diferenciação, sem trocadilho, faz a diferença. Produtos iguais perdem-se nas prateleiras. A concorrência está cada vez mais acirrada e é necessário sair atrás de alguma característica para diferenciar seus produtos e serviços. Seja na embalagem, na cor, no atendimento, no uso ou na comunicação. Encontre uma diferença e se projete como tal: "destaco-me e você deveria me escolher por causa *disso*!". Mas não se esqueça que é preciso ser algo que tenha valor para o mercado. Alguma característica que seu cliente perceba que tem valor, seja subjetivo, intangível ou tangível.

Temos observado, em mais de 20 anos de experiência profissional e exaustivos estudos, que a maioria das empresas não destacam devidamente a diferenciação, como se não fosse importante. Isso é uma falha grave! A diferença em nosso produto, e tudo mais que o envolve, é o que servirá de mote, de ideia central para nos posicionarmos na mente dos nossos clientes, atuais ou potenciais. Para que isto aconteça é necessário que fique bem claro, para toda a empresa, "qual diferença" está sendo trabalhada, aquilo que foi selecionado para nos destacar da concorrência. Isso começa dentro da empresa, antes de ser comunicado ao mercado. A consistência do posicionamento, construído com instrumentos de comunicação e atitudes internas, será proporcional à força com que a diferenciação escolhida ficar marcada também nas pessoas da organização.

A seguir as principais estratégias para a diferenciação.

10.1 Estratégia de produtos e serviços para atender a vários nichos de mercado

A Leica, fabricante alemã de câmeras fotográficas que criou, no início do século passado, o primeiro modelo de câmera fotográfica compacta, produziu durante várias décadas para os puristas da fotografia. Amadores viciados em fotografia consideram um desafio não utilizar câmeras automáticas. Inovações como focalização automática não fazem parte dos equipamentos Leica. Para tornar possível o atendimento ao nicho dos perfeccionistas da fotografia, a empresa investiu em ganhos de produtividade em sua fábrica em Solms e reduziu significativamente o tempo necessário para a produção de suas famosas câmeras. Os fotógrafos profissionais respondem por apenas 10% das vendas, a maioria das câmeras são compradas por ambiciosos amadores que encaram a fotografia como hobby número um, de acordo com a própria empresa. Sua insistência em manter o formato analógico foi perdendo espaço para os concorrentes que apostavam em tecnologia digital. Em 2004, seu prejuízo foi de US$ 20 milhões. Para escapar da falência a empresa fez uma reestruturação financeira e lançou, em 2006, uma máquina completamente digital, dando prosseguimento a essa linha. Para várias gerações de profissionais em todo o mundo, a Leica é referência de qualidade fotográfica.

10.2 Estratégia de serviços diferenciados para o cliente

Muito usada no caso do mito dos "indiferenciáveis", os *commodities* e bens básicos, como café *in natura*, soja em grãos, minério-de-ferro, etc., apesar de terem o **produto núcleo** igual, podem ser diferenciados por meio de serviços como crédito, embalagem, atendimento, prazo de entrega, prazo de pagamento, tempo de resposta ao cliente e outros. As diferenças na **prestação do serviço** tornam o produto diferenciado!

10.3 Estratégia de comunicação

Identifique os motivos principais de compra do segmento de mercado que lhe interessa e fale diretamente para ele. Mesmo que o seu produto básico seja o mesmo, é importante saber como chegar aos vários segmentos. Como falar para os jovens bebedores de Coca-Cola? E as senhoras? Cada segmento tem suas preferências em relação à mídia. Uns gostam de jornais, outros de outdoor, outros de TV, outros da Internet e assim por diante. Fale repetidas vezes a coisa certa, no local certo, da forma certa e para o público certo!

10.4 Estratégia de preço

É a maneira mais perigosa de diferenciação, tome cuidado. Só deve ser usada quando há uma grande vantagem competitiva em relação aos seus custos e uma enorme economia de escala, comparativamente aos seus concorrentes. Importante ressaltar que é a estratégia mais fácil de ser copiada: basta o concorrente oferecer um preço menor que o seu. Pelo menos aparentemente, pois para manter um custo competitivo há um mundo de considerações e procedimentos que deverão ser seguidos. Simplesmente abaixar o preço, mantendo a estrutura de custos e despesas da empresa inalterados, é causa comum da quebra de muitas empresas.

Só faz sentido uma empresa baixar seus preços partindo para uma guerra se tiver certeza que possui um custo imbatível. Invista num moderno e completo sistema de tecnologia da informação (TI) de custos e despesas, num eficiente e honesto departamento de compras, no relacionamento de alto nível com os fornecedores, máquinas e equipamentos recentes e mais econômicos.

10.5 Ainda sobre Diferenciação

Algumas frases e conceitos sobre a diferenciação, para você sempre repetir:

"Tem que ser percebida pelo Cliente, e não pela empresa."

"Não existe essa coisa de *commodity*. Todos os bens e serviços são diferenciáveis".

"Distinga-se ou extinga-se"

"Construa diferenças significativas, em vez de melhor a mesmice"

Como Diferenciar-se

A seguir um *check list* para ser usado na busca de uma diferenciação para seu produto ou serviço.

Produto: características, desempenho, conformidade, durabilidade, confiabilidade, estilo e design.

Serviços: entrega, instalação, treinamento dos clientes, confiabilidade, consultoria, reparos e desenvolvimento em conjunto com os clientes.

Pessoal: competência, cortesia, sorriso sincero, boa-vontade, credibilidade, comunicação clara e dinâmica, confiabilidade e responsabilidade.

Imagem: símbolos, mídia impressa, eletrônica e digital, atmosfera envolvendo a empresa, eventos e encontros.

No entanto, nem toda diferença poderá fazer o sucesso esperado, de modo que alguns critérios precisam ser seguidos no processo da diferenciação.

10.6 Critérios para a diferenciação

Importância

Uma diferença a ser considerada deve criar um benefício extremamente valorizado para uma grande fatia dos clientes no segmento trabalhado.

Comunicabilidade

A diferença deve ser comunicada aos clientes e entendida por eles.

Superioridade

O cliente deve perceber que a diferença é superior ao que está habituado, não conseguindo obter o benefício de uma maneira melhor nos concorrentes.

Exclusividade

A diferença não pode ser facilmente copiada ou ser desempenhada de melhor maneira pelo concorrente.

Acessibilidade

Os clientes devem ter condições de pagar adicionalmente pelo benefício adicional.

Lucratividade

A diferença deve proporcionar à empresa o aumento nos negócios e/ou na rentabilidade. Busque ambos!

A indústria mineira Vilma Alimentos é uma empresa que tem primado por um marketing agressivo e desenvolvimento de produtos. Está sempre monitorando seus segmentos e atendendo suas demandas. Foi pioneira no lançamento de produtos, como doces de banana, goiaba, doce de leite e doce de leite com chocolate. Praticou um preço mais barato que os que estão no mercado e disponibilizava também produtos em pó! A comunicação mercadológica da empresa sempre enfatizou que "não havia produto similar no mercado!". Além do preço e da facilidade de preparo do produto, os pacotes para doces facilitavam o armazenamento nos pontos de venda.

11. Posicionamento

O posicionamento realiza-se na mente do consumidor! É o ato de projetar a oferta da empresa de forma que ela ocupe um lugar distinto e valorizado na mente dos seus clientes-alvo. Ao pensarmos sobre um produto usamos a comparação com outros produtos para identificarmos a sua posição: está acima ou abaixo no conjunto comparativo? O processo mental de decisão de compra avalia todas as informações, faz as comparações e escolhe, ou não, determinado produto.

Empresas e produtos podem conquistar posições específicas no mercado, com estratégias claras e inteligentes de posicionamento. Se a empresa não se preocupar com isso, o consumidor poderá imaginar o produto de uma maneira não desejada pela empresa, prejudicando suas estratégias e desempenho do negócio .

De forma objetiva, posicionamento não é o que se faz com o produto, mas a percepção que se faz na mente dos clientes em potencial. O posicionamento é a interpretação, a construção ou a imagem que o consumidor forma do produto e da empresa. A era fria e "coisicista" do produto cedeu lugar ao posicionamento que cada empresa busca atingir na mente e no coração do consumidor. Isso explica porque os anúncios e comerciais hoje falam menos dos produtos em si e muito mais dos sonhos e das aventuras a eles associados. Esta imagem é formada a partir dos benefícios percebidos pelo consumidor! O posicionamento irá transformar o produto ou serviço num sentimento positivo, algo desejado e um *valor* para o cliente. Por transformar um produto ou serviço num conceito com valor para determinado cliente, podemos dizer que o posicionamento é a construção da imagem mercadológica de um produto ou empresa.

Posicionamento = Segmentação + Diferenciação

Com tantas opções e produtos, a batalha organizacional é pela fidelidade do cliente. Exatamente por isso, o posicionamento é mais que a consciência de uma hierarquia de marcas, constitui-se numa relação especial com o cliente. Exige que a empresa decida quantas e quais diferenças promover para seus clientes-alvo. Se for poderoso, você pode destacar só um benefício! De qualquer forma, tenha sempre atenção para não alimentar a perigosa ilusão de ter sucesso tentando ser tudo para todos.

Alguns posicionamentos que deram certo, ao longo do tempo:

- Crest: proteção anticárie.
- Aquafresh: proteção anticárie, hálito fresco e dentes brancos.
- Mercedes: engenharia automotiva.
- BMW: prazer em dirigir.
- 3M: sinônimo de inovação.
- AVIS: quem não é o maior, tem que ser o melhor.
- Nestlé: amor por você.
- Skol: desce redondo.
- Brahma: a número 1.
- TIM: viver sem fronteiras.
- GOL: linhas aéreas inteligente.
- VOLVO: segurança.
- Jeep: encara tudo. A origem vem da pronúncia em inglês de G.P. (*general purpose*), modelo destinado a vários tipos de uso – utilitário.

Cada marca deve destacar um benefício, ou um conjunto deles, e ser promovida como a número um naquele item ou itens. Isto requer um trabalho constante de gerenciamento da(s) marca(s) para que o posicionamento continue fazendo sentido, cumprindo com sua finalidade. Para dobrar suas receitas tenha resiliência e acompanhe a evolução dos tempos, pois os mercados e as pessoas mudam, logo o seu posicionamento, em especial da marca, também precisa evoluir e mudar sempre que necessário.

Numa sociedade onde a quantidade de informações cresce absurdamente, o consumidor tende a lembrar melhor da "mensagem número um".

Há alguns anos, a AVON desenvolveu um trabalho de reposicionamento dos seus produtos. Por erro de estratégia de marketing, seus produtos estavam sendo considerados como de segunda linha, no Brasil. Como sua característica é a venda porta a porta, passou a usar o slogan "a gente conversa, a gente se entende".

A Claro, operadora de telefonia, reposicionou sua marca ao adotar o slogan "A vida em suas mãos" na época do lançamento do serviço Ideias TV, quando disponibilizou dez canais de televisão para os celulares, uma novidade no tempo de expansão do mercado de telefonia. O cliente podia escolher as notícias do dia na CNN, Bloomberg, ESPN ou assistir desenhos e documentários em sete outros canais. Apesar de já existir esse tipo de transmissão de conteúdo em tempo real, a Claro foi a primeira a conseguir disponibilizar tantos canais simultaneamente. Naquele momento específico, não existia nada que se identificasse tanto com a ideia de "ter a vida nas mãos" como assistir à própria TV no celular.

Dica importante: para posicionar seu produto ou sua empresa, procure identificar os principais motivos de compra do seu cliente e concentre-se neles. Converse com pelo menos 10 clientes inteligentes e pergunte: "quais itens você considera e valoriza, do mais importante para o menos importante, quando decide comprar o meu produto ou serviço?". Compare as respostas e terá um ótimo guia para o seu posicionamento! Simples e absolutamente eficaz.

11.1 Passos para o Posicionamento

Uma empresa pode julgar seu produto melhor em vários aspectos: mais rápida no atendimento, produto mais seguro, mais barato, mais conveniente, mais durável, melhor qualidade, maior valor, melhor equipe, melhor atenção ao cliente, etc.

Quais desses atributos deverão ser considerados para definir o posicionamento? O recomendável é escolher um dos atributos que tenha valor para o cliente-alvo e essa deverá ser a diferenciação a ser implementada como tal. O posicionamento será construído a partir dessa diferença! Ao definir vários atributos, certifique-se que são complementares e de fácil entendimento, para evitar e o risco de confundir a percepção do cliente. Há vários casos de sucesso em que mais de um atributo foi destacado, como o caso da pasta de dentes Aquafresh, visto anteriormente. A seguir veremos mais exemplos de outras empresas.

O que deve-se escolher é o atributo sobre o qual o seu produto, serviço ou marca possam ser considerados "únicos" e enfatizar esta diferença, por exemplo, "o mais seguro" como a Volvo se posicionou na indústria automobilística. Se o produto não for julgado melhor sob algum aspecto significativo para um conjunto de clientes, estará mal posicionado e será mal lembrado. As pessoas só se lembram das marcas que se destacam sob algum critério claro e fácil de compreender!

É importante analisar as características dos segmentos-alvo consumidores dos produtos ou serviços e definir claramente o perfil desses segmentos. Para a escolha dos segmentos-alvo, você precisará entender muito sobre o comportamento dos clientes que compõem cada segmento-alvo. Estes clientes caracterizam-se e distinguem-se por hábitos e gostos específicos que o seu produto ou serviço, aliás a empresa toda, devem atender! Essa é sua diferença e deve ser divulgada fortemente. Se não existe, precisa ser reforçada ou criada!

Após os segmentos definidos e as diferenças identificadas, é chegado o momento do posicionamento acontecer. Identificar e enfatizar a característica principal, a "alma", o espírito da mensagem e impressão que se deseja passar para o segmento-alvo. Como você quer ser identificado e lembrado, a posição que quer ocupar na mente do seu segmento-alvo. A seguir, comunique seu diferencial tomando todas as providências quanto ao *mix* de marketing para definir, claramente, seu posicionamento. Lembre-se que posicionamento é, basicamente, um exercício de comunicação inteligente!

Se "a beleza está nos olhos de quem a vê", a realidade do mercado que conta é aquela que, de alguma maneira, está na mente do consumidor. Como cada ser humano acredita na realidade segundo suas percepções, é vital que se conheça como o cliente está percebendo o seu produto ou empresa. Importante lembrar também que estamos saturados de comunicação inútil e filtramos aquilo que nos é imposto, aceitando somente o que condiz com o nosso conhecimento e experiências anteriores. Portanto, para divulgar as vantagens de um produto é necessário concentrar-se nas percepções do cliente e não na realidade do produto. Esta é a chave de um posicionamento eficaz.

Enquanto segmentação é o agrupamento de clientes num mercado, posicionamento é como esses clientes agrupam, na mente, os produtos e serviços oferecidos.

Agora é fácil entender porque o posicionamento é fundamental na elaboração das ações táticas de marketing. Os projetos de produção, definição de preço, canais de distribuição, ações na Internet, promoções e comunicação dependem do posicionamento que a organização deseja ter no mercado.

Você pode posicionar seu produto a partir de três grandes categorias:

- Melhor produto da categoria.
- Mais eficiência nas operações.
- O que melhor atende aos desejos.

Adicionalmente considere as 4 famílias de posicionamento:

- Produto
- Preço
- Facilidade de acesso
- Serviços que agregam valor

Objetivamente, sua empresa pode dominar um dos atributos, ter um desempenho acima da média em outro e manter-se no padrão setorial nos outros dois atributos, ou famílias.

11.2 Estratégias de Posicionamento

Alguns posicionamentos são mais adequados para serviços, outros para produtos tangíveis. Uma rede de restaurantes popular, por exemplo, terá um posicionamento diferente daquela que optar por trabalhar com um perfil de público mais elitizado. O mesmo ocorrerá para uma empresa de turismo que tenha como segmento preferencial pessoas que desejam gastar pouco, posicionando-se de forma muito diferente caso optasse por pessoas exigentes quanto à qualidade do atendimento e passeios exóticos, sem se preocupar com o preço. Um fabricante de relógios também terá que optar por se posicionar da maneira mais conveniente, de acordo com seu público-alvo e as características de seu empreendimento. Veremos a seguir algumas estratégias de posicionamento. Antes, mostraremos as mais comuns e seus opostos, como posicionamento por **inovação** e posicionamento por **imitação**, o oposto da inovação.

Posicionamento	***Oposto***
Preço baixo	Preço alto
Nível tecnológico superior	Baixa tecnologia
Serviço superior	Serviço limitado
Inovação	Imitação
Diferenciação	Não-diferenciado
Customizado	Padronizado

Posicionamento por Preço

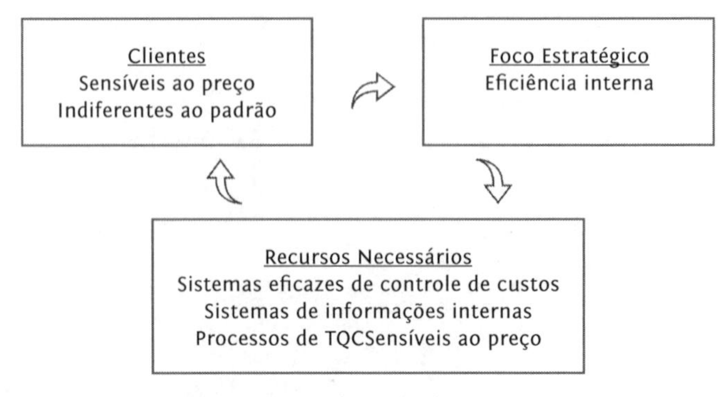

Figura 6: Adaptação do autor.

Esse é um posicionamento perigoso, por ser fácil copiar, bastando ao concorrente baixar o preço. Exige vantagem de baixo custo da empresa e capacidade financeira para suportar uma guerra de preços.

Nesse caso, é preciso organizar a busca de insumos e logística de distribuição, visando manter um custo mínimo e priorizar os segmentos de consumidores mais sensíveis ao preço. Buscar também ter processos sempre eficientes e com melhoria contínua (TQC).

Alguns fazem o oposto: preços mais altos para criar uma aura de exclusividade, sendo necessário criar uma imagem de considerável superioridade.

11.3 Posicionamento por qualidade

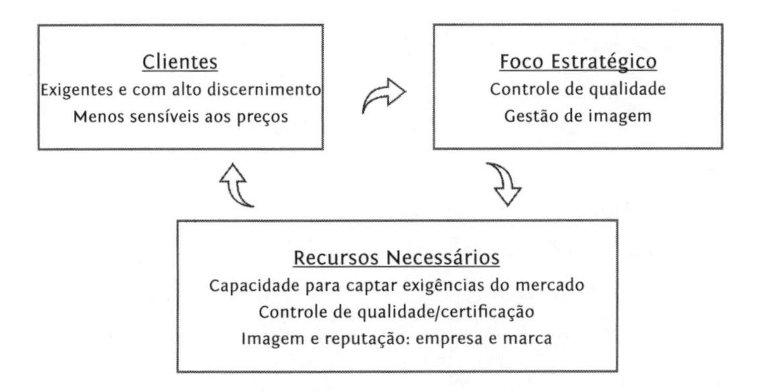

Figura 7: Adaptação do autor.

Esse perfil de posicionamento preza por:

• Sistemas eficazes para garantir a alta qualidade.

• Competência técnica, especialmente na engenharia. – Capacidade moldada "de fora para dentro", ou seja, sensibilidade para perceber a qualidade aos olhos dos clientes, captar as exigências do mercado.

• Criação de laços e relacionamentos com o cliente.

• Gestão da cadeia de fornecimento, garantindo insumos de qualidade.

• Clientes dispostos a pagar mais pela qualidade superior, compensando os custos e investimentos da empresa.

• Maior confiabilidade, durabilidade e aparência estética.

• Fator-chave do sucesso: imagem e reputação da marca.

• A qualidade e valor são decididos pelos clientes, captados e trabalhados pela empresa, e não impostos pelos engenheiros ou executivos de marketing.

11.4 Posicionamento por inovação

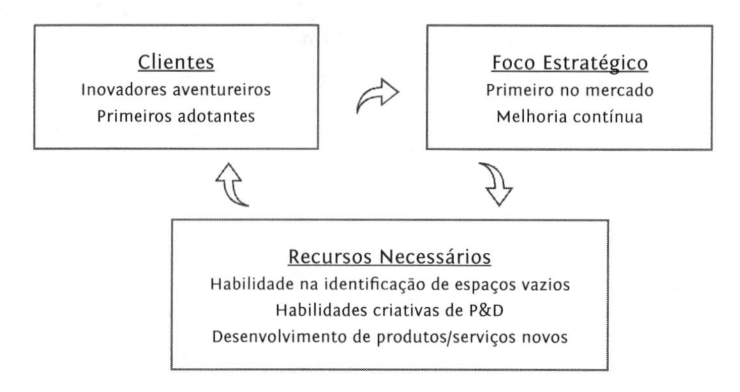

Figura 8: Adaptação do autor.

Exige habilidades para melhoras rapidamente e desenvolver produtos novos, habilidades técnicas e criativas:

• É preciso promover o "fracasso rápido de alguns produtos", encorajando o lançamento de novos produtos mesmo em fase de testes, sabendo que alguns irão fracassar.

• Estimular o surgimento e não sufocar ideias em fase de concepção.

• Apesar da eficiência do *kaizen* (palavra de origem japonesa, metodologia de trabalho que permite baixar os custos e melhorar a produtividade), empresas japonesas estão inovando e adotando mudanças radicais para manter a competitividade.

• Para muitos produtos é preciso a busca incessante da **inovação**. Esse é o novo trabalho de marketing: inovar, renovar e ao mesmo tempo construir uma identidade de marca. Assim trabalham as empresas inovadoras.

• Estratégias para as empresas: ser a primeira a lançar algo novo no mercado ou ser um dos primeiros seguidores, aproveitando as oportunidades a partir dos erros dos pioneiros e evitando os esforços da criação de um novo mercado.

11.5 Posicionamento por serviço

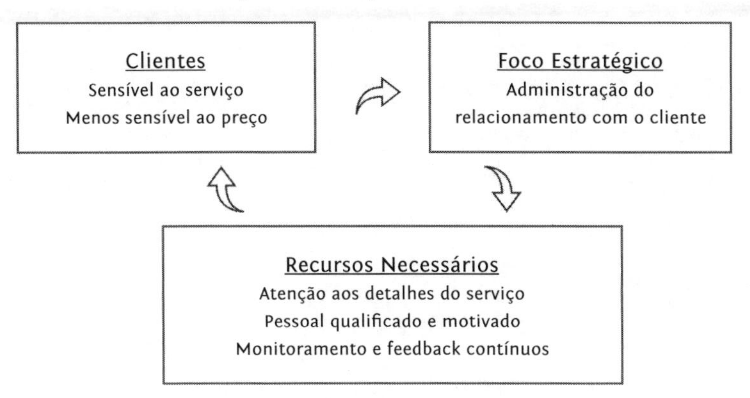

Figura 9: Adaptação do autor.

O cerne é entender como os seus clientes avaliam o serviço: quais dimensões são importantes e como se tornam perceptíveis a eles.

As empresas competitivas estão se posicionando cada vez mais com base na oferta de um serviço superior, ou melhor, de um serviço desenvolvido especificamente para atender às necessidades específicas do seu mercado-alvo.

Para proporcionar um serviço superior é preciso:

- Capacidade para compreender o mercado, permitindo identificar o tipo e o nível do serviço necessário.
- Habilidade para criar e desenvolver relacionamentos com os clientes-alvo.
- Sistemas de apoio na entrega dos serviços.
- Habilidade para avaliar e gerenciar a satisfação do cliente.
- Atribuir prioridade às pessoas que atendem aos clientes, da seleção ao treinamento.
- Serviço desenvolvido para necessidades específicas do mercado-alvo.
- Percepção aguçada das variações na natureza e nível dos serviços oferecidos *versus* as diferentes exigências de diferentes grupos de clientes.

Daí se conclui que o posicionamento por serviços torna-se viável e atraente para mais de uma empresa em um mesmo mercado, com especificidades consideráveis.

11.6 Posicionamento por diferenciação de benefícios

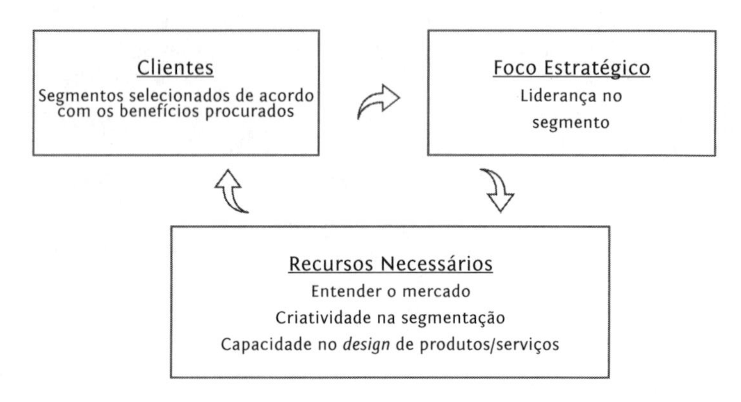

Figura 10: Adaptação do autor.

Exige competências de fora para dentro das organizações. Nesse caso, é fundamental:

- Possuir habilidades (técnicas, humanas e tecnológicas) para identificar os benefícios desejados.
- Identificar quais segmentos desejam quais benefícios, dentro de cada mercado.
- Focar em oferecer o que cada segmento que.
- Ter capacidade de desenvolver novos produtos com os atributos relevantes para o mercado.

11.7 Posicionamento customizado

Figura 11: Adaptação do autor.

Aplicado originalmente em mercados industriais, esse posicionamento já chegou aos mercados de consumo e de serviços qualificados. Para um posicionamento customizado eficaz, é necessário:

- Competência de fora para dentro e de dentro para fora: identificar o que o cliente deseja e estabelecer um relacionamento com ele.
- Capacidade de produção flexível, buscando a cocriação juntamente ao cliente.
- Obter as vantagens de custo e de eficiência da produção em massa, mas personalizando as ofertas e entregas.

11.8 Posicionamento dinâmico

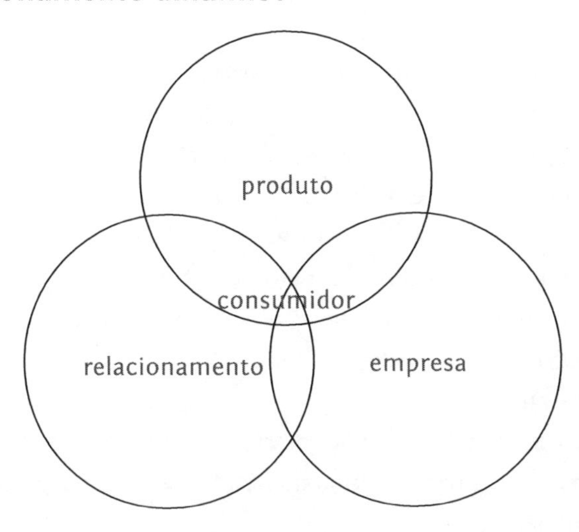

Figura 12: Adaptação do autor.

Esse tipo de posicionamento leva em conta 3 dimensões: produto, mercado e empresa, estando o cliente no centro dessas dimensões. Por isso o caráter "dinâmico".

Para ficar mais fácil de entender e implementar para dobrar as suas receitas, você pode substituir a dimensão mercado por relacionamento e partir do pressuposto que a integração entre produto e relacionamento tem como palco o mercado, seguindo as orientações do marketing de relacionamento e do CRM (gestão do relacionamento com os clientes)! Será no mercado que ocorrerá o verdadeiro teste entre as intenções da empresa frente ao consumidor e os resultados referentes à maneira como ocorrerá o posicionamento desejado. .

O posicionamento dinâmico é um processo multidimensional. Com o foco no consumidor, procura o posicionamento do produto, das ações de relacionamento e da empresa.

Este posicionamento leva em conta os benefícios que o **consumidor** enxerga e obtém do produto, a partir da construção de um sólido relacionamento que permite à empresa acompanhar qualquer movimento que possa provocar uma aproximação ou distanciamento em relação ao consumidor. Aqui a intenção é atuar "à sua imagem e semelhança".

O consumidor, seja na fase de *suspect, prospect, customer* ou *defender*, por meio da aplicação do marketing de relacionamento, construirá a imagem que a empresa pretende para seu produto. Isto ocorre porque o relacionamento entre todos os níveis da empresa com o mercado permite um *feedback* que poderá monitorar a percepção do cliente com relação à oferta da empresa. O ideal é que o cliente perceba o "mesmo" produto ofertado pela empresa, com o mínimo de distorções.

O posicionamento do relacionamento, por meio do produto, procura obter o reconhecimento do mercado a partir do relacionamento, que igualmente acompanha o mercado e monitora o cliente quanto às diversas facetas do produto.

O posicionamento dinâmico busca, portanto, pontos em comum entre suas diversas áreas para, de uma maneira sinérgica e proativa, manter-se conectado ao mercado.

12. Planejamento Estratégico e Plano de Marketing

– Gatinho amigo, que caminho devo seguir?
– Para onde você quer ir?
– Para qualquer lugar...
– Ah... Então qualquer caminho serve!
(Em *Alice no País das Maravilhas,* quando ela, ao ver-se perdida em busca do coelho que fugiu com o relógio, pergunta ao gato que está sobre a árvore de onde saiam vários caminhos.)

Planejamento Estratégico

Vale a pena as empresas estabelecerem pausas programadas para pensar no futuro. Reunir seus executivos e funcionários estratégicos, levantar informações pertinentes ao negócio e pensar sobre ele. Várias cabeças num mesmo objetivo. É fundamental pensarmos em nosso futuro porque é lá que passaremos o resto de nossas vidas!

Muitos empresários definem para onde querem ir sem saber onde estão ou como estão, e acabam perdendo-se no caminho porque não avaliaram corretamente a sua situação, a sua capacidade e o seu potencial antes de empreender.

Uma das ferramentas de gestão mais conhecidas e utilizadas é o planejamento estratégico, que aplicado ao marketing chama-se Planejamento Estratégico de Marketing. O marketing é absolutamente estratégico, em especial pelo seu papel de estimular, criar e manter as receitas da empresa, juntamente com vendas! Você precisa implementar a elaboração de um Plano de Marketing, com suas ações específicas, após o Planejamento Estratégico. É sob esse prisma que desenvolvemos este capítulo.

Estratégia deriva do grego *estratego* que significa o cargo do comandante de uma armada, o cargo ou a dignidade de uma espécie de ministro da guerra na antiga Atenas, pretor, em Roma; manobra ou artifício militar. Hoje significa a arte de aplicar com eficácia os recursos de que se dispõe ou de explorar as condições favoráveis que porventura se desfrute, visando ao alcance de determinados objetivos. Seriam assim, os *estratagemas* usados numa empresa para atingir os objetivos propostos por seus dirigentes no sentido de preservar e desenvolver seus negócios. Representa a definição do caminho mais adequado a ser seguido pela empresa, para alcançar uma situação desejada e suas metas de resultados prioritários.

No entanto, infelizmente uma parcela significativa dos planejamentos não obtêm o sucesso esperado. Estudos recentes e a experiência prática demonstram que a maior parte dos fracassos decorrentes das falhas da estratégia não se deve ao plano em si, e sim à má gestão da execução do plano. Por essa razão, o monitoramento estratégico deve ser entregue a executivos com grande capacidade de disciplina na execução, flexibilidade inteligente para fazer as mudanças necessárias, coragem para seguir adiante e humildade para aprender e reaprender sempre.

A seguir estão as principais perguntas direcionadoras do Planejamento Estratégico, reúna suas melhores cabeças (de dentro e fora da empresa), discuta cada uma das perguntas e elabore de forma franca e completa:

Como podemos entregar um novo valor aos nossos clientes?

Quem não é cliente e deveria ser?

Quais as melhores formas de alavancar nossos ativos constituídos pela marca, reputação e base de clientes atual?

Como devemos nos defender contra-ataques de concorrentes?

De quais novas capacitações necessitamos?

Nossas fontes de receita atuais serão suficientes para o futuro?

Como podemos vender mais? Ganhar maior fatia de mercado? Aumentar a produtividade?

Onde podemos aplicar nossas atuais e novas tecnologias?

Nossa proposição de valor é percebida como superior?

De que forma as necessidades e desejos dos nossos clientes estão mudando?

Quais novos concorrentes estão antecipando e atendendo essas necessidades?

Existem outras alternativas para os clientes?

12.1 Planejamento Tradicional x Planejamento Estratégico

No planejamento tradicional, presume-se que todas as informações pertinentes estejam disponíveis no início do processo, muito comum até a década de 70 do século passado. Com todas as informações em mãos, o planejamento era elaborado e permanecia por largos anos sem alterações. A economia era mais estável e as mudanças eram lentas.

A globalização provocou interligações entre as economias dos diversos países e as repercussões, negativas ou positivas, são rapidamente transmitidas entre eles. Aliada a isso, a comunicação e propaganda, também globalizadas, divulgaram benefícios e qualidades de novos produtos de uma maneira ampla, disseminando e acirrando a competição entre empresas transnacionais de vários países.

Por essa razão, os dados usados nos planejamentos tornaram-se voláteis, com curto período de vida. Surgiu então o Planejamento Estratégico, idealizado para agir com proatividade e explorar novas informações, periodicamente. Um planejamento dinâmico e mais adequado a um mundo instável, onde a mudança é a principal característica, onde a empresa, independente se pequena, média ou grande, precisa ser leve e ágil para provocar e se adequar com rapidez às mudanças.

12.2 Visão, Missão, Valores e Negócio

Visão e Missão são conceitos fundamentais em qualquer planejamento estratégico, além de se completarem, mostram o rumo que uma organização intenciona seguir.

Normalmente o processo de se executar um planejamento estratégico tem início com a identificação da Visão e dos Valores de uma organização. A Visão corresponde ao sonho ou meta futura da organização, os Valores são a sua "constituição federal", ou seja, um conjunto de princípios que regem todas as conduta e decisões. Devem ser definidos e compartilhados pelos membros do alto escalão, incluindo os funcionários do nível estratégico. Devem ser disseminados entre todos os colaboradores, fornecedores, prestadores de serviços, clientes e funcionários.

A Visão deve responder à pergunta: "Onde queremos estar e como seremos um sucesso nos nossos negócios, no futuro? Qual é o nosso grande sonho?" Os Valores precisam responder à pergunta: "No que acreditamos, o que consideramos correto para compreender nossos negócios e tomarmos as decisões necessárias?

A Missão deve representar como a organização será um sucesso no seu negócio, na atividade escolhida. Deve responder à seguinte pergunta: "Como seremos um sucesso, no nosso negócio, agora?"

Na elaboração da Missão são respondidas as seguintes perguntas:

- Qual é o nosso negócio?
- Quem é o cliente?
- Como entregaremos valor para o nosso cliente?
- Quais são as nossas habilidades distintivas, que nos fazem prosperar?
- Para quais outros públicos entregaremos valor e como faremos isso?

A definição clara e precisa do negócio da organização pode facilitar enormemente as estratégias e o sucesso de suas ações. Há empresas que se concentram em um só negócio e outras administram negócios diferentes, o que implica em ações específicas para cada um deles. A definição estratégica do negócio é feita pelo mercado em que atua, como o conjunto de benefício que entregam valor e satisfação ao cliente e não como um produto ou um serviço específico. Produtos e serviços são transitórios, mas as necessidades básicas, os desejos e os grupos de clientes perduram. Pode ser definido em três dimensões: grupos de clientes, necessidades dos clientes e tecnologia.

É um erro definir o negócio a partir de produtos! Defina o seu negócio a partir das necessidades e desejos dos seus clientes, não dos seus produtos finais! Veja abaixo exemplos de negócios definidos a partir do mercado:

- Produtoras de filmes: de "fazer filmes" para "promover o entretenimento".
- Empresas como a Xerox: de "fazer cópias" para "aumentar a produtividade dos escritórios".
- Empresas de automóveis: de "fazer carros ou caminhões" para "soluções no transporte de cargas e pessoas".
- Operadoras de telecomunicações e internet: de "venda de celulares e acesso à internet" para "soluções que interligam empresas e comunidades no mundo todo".
- Empresas de entregas de cartas e cargas: de "transporte de cartas e cargas" para "soluções completas para aumento da eficiência logística".

12.3 Exemplo de Missão, Valores e Visão de Futuro

Afixado na sala de espera de um dos hospitais mais respeitados do Brasil está sua declaração de Missão, Valores e Visão, a seguir:

Nossa Missão

"Prestar atendimento médico hospitalar com qualidade e ética, valorizando o ser humano como nosso maior patrimônio, buscando a excelência na gestão e desenvolvimento de serviços de saúde, ensino, pesquisas e projetos sociais."

Nossos Valores

"Ética, Criatividade, Humanidade, Conformidade, Qualidade, Transparência, Eficiência, Credibilidade, Melhoria Contínua e Perpetuidade.

Nossa Visão de Futuro

"Sermos reconhecido, a nível nacional, como um dos principais provedores de inovações e soluções em saúde, com viabilidade econômico-financeira, buscando um alto índice de satisfação dos nossos clientes internos e externos".

12.4 Estratégias

A organização deve desenvolver uma estratégia que seja diferente e difícil de ser copiada, para obter sucesso na execução do seu planejamento. As empresas que identificam mercados com necessidades que podem atender de maneira diferenciada e que seja percebida pelo cliente geralmente têm estratégias que podem promover seu crescimento.

Quando surgiu no mercado, a GOL Linhas Aéreas era dirigida de maneira diferente das empresas concorrentes e oferecia um produto com várias características que o mercado desejava, além de menor preço. Percebeu, antes dos concorrentes, alguns fatos interessantes, como a baixa valorização da alimentação, por parte dos passageiros. Partindo desta premissa cortou vários custos provenientes do fornecimento de refeições, que pouco agradavam, mas custavam caro. Tornou seu voo mais ágil e limpo, passando mais tempo voando e reduzindo seus custos. Quanto à segurança, benefício desejado por todos os passageiros, investiu e divulgou que possuía a "frota mais nova do país". A palavra "segurança" não deve ser explicitada quando se trata de voar, pois realça o medo que ainda temos de estar voando. Melhor manutenção preventiva e reativa, frota nova, pilotos mais experientes, equipe treinada para agilizar tudo no ar, menor tempo de permanência no solo, aviões do mesmo modelo para facilitar as manutenções, site ágil para estimular a compras e *check in* online, etc., essa estratégia produziu um efeito melhor para o negócio.

A americana Harley Davidson, além das motocicletas, promove excursões e corridas para a comunidade que usa seus produtos, criando o estilo de vida Harley Davidson, com roupas, jaquetas, relógios e restaurantes com sua marca.

Para facilitar a definição e implementação da sua estratégia, a caminho do aumento das suas receitas, defina os 3Vs do seu negócio: 1) alvo de Valor, 2) proposição de Valor e 3) rede de Valor. Consiste na clara definição do seu mercado-alvo, suas necessidades/desejos e o conjunto dos benefícios dos produtos e serviços ofertados. Essa proposição de valor precisa ser diferenciada dos concorrentes e "na medida certa" para o seu mercado-alvo. Finalmente, você cria uma rede de fornecimento distintiva e completa para atender à proposição de valor oferecida para o seu mercado-alvo.

12.5 Análise do ambiente

Antes da definição das estratégias e da análise SWOT [*Strengths* (forças), *Weaknesses* (fraquezas), *Opportunities* (oportunidades), *Threats* (ameaças)], faz-se necessário analisar o ambiente no qual a empresa está inserida. A cada dia, a fronteira desse ambiente alarga-se e torna-se cada vez mais elástica. A Tabela 5 abaixo mostra uma relação das variáveis macro ambientais (externas) para servir de *check list* para você. Complementarmente à avaliação externa, será preciso analisar o microambiente, relacionado ao seu setor de atuação, por meio das chamadas "5 Forças de Porter", apresentadas na sequência.

A empresa deve ser capaz de se antecipar às mudanças no macroambiente (mais gerais) e microambiente (setoriais), às forças externas que possam interferir no seu negócio. Essas mudanças tanto podem prejudicar como podem constituir oportunidades que deverão ser aproveitadas.

As legislações sobre o direito do consumidor e meio ambiente, o fácil acesso a informações pela disseminação da Internet e redes sociais alteraram o relacionamento entre as organizações, seus clientes e sociedade como um todo. As empresas que se anteciparam, e promoveram as adequações necessárias, foram beneficiadas e desenvolveram uma vantagem competitiva!

As principais variáveis ambientais, relacionadas ao macroambiente e seu ambiente setorial, estão abaixo. Para cada uma delas, pesquise os estudos disponíveis, converse com especialistas, levante dados existentes dentro e fora da empresa para identificar as potenciais ameaças (o que pode prejudicar) e oportunidades (o que pode favorecer) ao desempenho presente e futuro do seu negócio.

Ao final da análise do macroambiente, você precisa ser capaz de responder as perguntas direcionadoras abaixo:

- Qual é o melhor, o intermediário e o pior cenário que podemos enfrentar?
- Quais seriam as suas consequências?
- Temos um plano de contingência para enfrentar o pior cenário?
- Quais as vantagens e desvantagens das alternativas e decisões?
- O que está fora do nosso controle?
- Como podemos minimizar nossa exposição a forças que não podemos controlar?

12.6 Variáveis Ambientais

Econômicas

Tx. de Inflação
Tx. de Juros
Mercado de capitais
Nível do PIB
Balanço de pagamentos
Nível de reservas cambiais
Nível de redistribuição de renda

Sociais

Situação sócio-econômica de cada segmento da população
Situação sindical
Situação política

Políticas

Monetárias
Tributárias
Distribuição de renda
Relações Internacionais
Legislativas
Estatização
Estrutura do poder

Demográficas

Densidade
Mobilidade
Tx. de crescimento
Composição e distrbuição da população
Processo migratório

Culturais

Nível de alfabetização
Nível de escolaridade
Estrutura de organizacional
Veículos de comunicação de masa
(estrutura, níveis de eficiência e concentração)

Legais

Área Tributária
Área Trabalhista
Área Criminalista
Área Comercial

Tecnológicas

Aquisição tecnológicas pelo país
Desenvolvimento tecnológico
Transferências de tecnologia
Proteção de marcas e patentes
Velocidade das mudanças tecnológicas

Ecológicas

Nível de desenvolvimento ecológico
Índices de poluição
Legislação existente

12.7 Análise das Cinco Forças de Porter

Relacionado ao ambiente externo, mais especificamente ao seu setor de atuação, a essência de uma estratégia passa por relacionar a empresa a 5 variáveis principais. Apesar de amplo, o meio macroambiente no qual se insere uma organização, ao envolver tanto variáveis sociais como econômicas, o aspecto microambiental complementar de avaliação é o setor ou indústria onde a empresa compete. O termo indústria é usado aqui segundo o conceito econômico, significando todas as firmas de um determinado ramo de negócio ou de um mesmo setor como, por exemplo, a indústria de panificação, a indústria de saúde, a indústria de turismo, etc.

Essas forças externas afetam, em geral, todas as empresas na indústria, daí a importância da organização conhecer essas forças e desenvolver habilidades para lidar com elas.

Nesse sentido, uma indústria é atrativa quando:

- Estiver protegida por barreiras contra novos ofertantes (novos entrantes).
- O poder de negociação dos fornecedores for pequeno ou inexistente.
- O poder de barganha dos clientes for pequeno.
- Não há, ou é pequeno, o risco de surgirem produtos ou serviços substitutos.
- For estabelecido algum ajuste mercadológico de preços que, além de evitar a guerra de preços, garanta uma margem satisfatória de lucro.

A análise do microambiente busca uma posição competitiva favorável em determinada indústria ou setor, por meio de uma posição lucrativa e sustentável contra as forças que determinam a ineficiência e baixos desempenhos nessa indústria.

Duas questões centrais para a escolha da estratégia competitiva:

a) Atratividade das indústrias quanto à rentabilidade a longo prazo e os fatores que a determinam;

b) Os determinantes da posição competitiva relativa, dentro da indústria.

Vejamos duas situações:

Uma empresa, em uma indústria muito atrativa, pode estar em posição desfavorável e não obter lucros.

Uma empresa, em uma indústria não atrativa, pode estar em posição excelente mas, por ser a indústria não lucrativa, não haverá benefícios para melhorar sua posição de prosperidade.

Ambas as questões são dinâmicas! A atratividade da indústria e a posição competitiva modificam-se conforme a sua empresa e seus concorrentes se movimentam. Ao final da análise do microambiente, você precisa ser capaz de responder as perguntas direcionadoras abaixo:

- Quais são os pontos vulneráveis dos meus concorrentes? Como tirar proveito disso?
- Qual é o perfil e o que os meus clientes?
- Quantos são, qual a força e o perfil dos meus fornecedores?
- O que fazer para reduzir a força de um novo concorrente, caso apareça?
- Como posso ter um produto ou serviço acima de qualquer proposta subsituta de valor?

12.8 Análise SWOT

É o grande momento do Planejamento Estratégico, hora de colocar a empresa e todos os seus públicos relevantes "no divã" para olhamos "para dentro" e analisarmos suas forças e fraquezas, tudo o que existe internamente e apoia ou dificulta o sucesso do negócio. Após essa análise interna, implementa-se a análise externa e olhamos "para fora", para o macroambiente externo visto no item acima e o microambiente setorial (fornecedores, concorrentes principais, potenciais substitutos, novos entrantes e clientes) para identificamos o que pode vir de fora e prejudicar (ameaças) ou beneficiar (oportunidades) o sucesso do negócio. As ameaças deverão ser evitadas ou eliminadas, enquanto as oportunidades precisam ser aproveitadas proativamente pela organização.

Check List para identificação de Forças e Fraquezas

- Reputação da empresa
- Posicionamento da marca: digital e tradicional

- Qualidade do produto ou serviço
- Conhecimento contínuo dos clientes
- Monitoramento permanente dos concorrentes principais
- Canais de distribuição
- Cobertura geográfica
- Comunicação interna
- Comunicação externa: tradicional e digital
- Inovação: produtos e serviços, procedimentos internos, modelo de gestão e modelo de negócio
- Custos fixos e variáveis
- Disponibilidade de capital
- Nível de adequação ao meio ambiente
- Economias de escala
- Capacidade empreendedora
- Nível de mão de obra
- Profissionalismo e método de gestão
- Liderança transformadora e participativa
- Capacidade de atração de talentos
- Qualidade e rede de fornecedores

Objetivos estratégicos

Os objetivos estratégicos, definidos após todas as etapas anteriores, sinalizam os eixos gerais dos resultados prioritários definidos pela organização. Precisam contemplar, pelo menos, quatro dimensões relacionadas ao negócio: (1) resultados econômico-financeiros, (2) resultados em clientes e mercados, (3) resultados em processos internos e (4) resultados em aprendizado e crescimento (tecnologias, pessoas, cultura organizacional, gestão do conhecimento e infraestruturas).

Mapeado o ambiente externo, e com clara noção do potencial interno, será possível a definição dos objetivos que nortearão a empresa no horizonte de tempo determinado (três a cinco anos de modo geral). Cada objetivo deverá ser desdobrado em várias ações de execução estratégicas, envolvendo todas as áreas e líderes responsáveis! Assim como a Missão, a Visão, o Negócio e os Valores nortearam a Análise SWOT, precisam novamente direcionar a determinação dos objetivos estratégicos para se manter a coerência e a consistência.

Importante repetir que os objetivos estratégicos sinalizam os eixos gerais dos resultados prioritários definidos pela organização, logo precisam se reforçar mutuamente! É impensável e um absurdo algum objetivo estratégico conflitar com outro, isso simplesmente não pode existir! Para cada objetivo estratégico, definem-se indicadores e metas gerais de resultados.

Ações, metas e responsáveis

A partir dos objetivos estratégicos, seus indicadores e metas gerais de resultados definidos, que já passaram pela análise apurada das limitações e potencialidades da organização, serão determinadas as inúmeras ações de execução estratégicas e suas respectivas metas, isto é, as quantificações dos resultados e prazos para as ações de execução de cada um dos objetivos, envolvendo todas as áreas. As metas devem ser desafiadoras mas atingíveis, precisam direcionar para uma evolução constante e real, não são apenas um "direcionamento" ou "desejo positivo". Meta é algo seríssimo e é para ser batida, não é uma mera intenção! Complementar a essa fase, serão alinhados os recursos necessários à execução, os responsáveis pelos resultados, a periodicidade das reuniões para acompanhamento e correção de rotas (corrigir o que não está funcionando), os apoios externos necessários e investimentos financeiros.

Exemplos

Objetivo Estratégico: Abrir filial de vendas em Paris, para aumento de 10% na receita total vinda da França.

Ação de execução 1: Aprofundar o entendimento do perfil do público-alvo e principais concorrentes da empresa em Paris. Projeto de inteligência de marketing.

Data início: 1/maio/ano X – Data término: 31/agosto/ano X

Responsável: Luís Cláudio do Marketing e Vendas

Ação de execução 2: Contratar executivo com detalhamento do perfil adequado.

Data início: 1/maio/ano X – Data término: 25/junho/ano X

Responsável: Camila de Gestão de Pessoas

Ação de execução 3: Identificar imóvel para alugar com aproximadamente 200 m2 e em local próximo ao centro comercial de Paris.

Data início: 01/junho/ano X – Data término: 15/julho/ano X
Responsável: David da Logística
Ação de execução 4: Definir os procedimentos internos para essa unidade funcionar com máxima eficiência operacional, 20% abaixo da média das demais lojas na França.
Data início: 01/setembro/ano X – Data término: 15/novembro/ano X
Responsável: Letícia da Eficiência e Operação
Ação de execução 4: Organizar base de dados para armazenar e disponibilizar as informações atualizadas e online.
Data início: 1/dezembro/ano X – Data término: 20/junho/ano X+1
Responsável: Gustavo da T.I.

Concluída essa etapa, agora é o momento de se preparar em detalhes os Planos de Execução da Estratégia, relacionados a cada área, divisão ou setor da organização. Cada área precisa responder: "Com que projetos e ações detalhadas podemos apoiar a execução e resultados buscados pelos objetivos estratégicos?".

Assim, serão elaborados os Planos de Execução da Estratégia vindos das áreas de Finanças, Controladoria, RH (Pessoas), Logística, TI (tecnologia), Contabilidade, Assuntos Jurídicos, Vendas, etc. e, como veremos a seguir, o Plano de Marketing.

Algumas observações pertinentes

Na análise SWOT, as forças controláveis são as internas forças e fraquezas e poderão ser alteradas por nós. As forças incontroláveis são as externas oportunidades e ameaças, sobre as quais não podemos interferir mas podemos antever para evitar/administrar as ameaças e tirar proveito das oportunidades.

Observe que é administrando bem as forças controláveis que você poderá obter uma melhor eficiência e eficácia internas em seu negócio. Por outro lado, a obtenção da eficácia e eficiência do seu desempenho externo depende da sua competência em identificar e gerenciar as forças incontroláveis. Monitorar o que ocorre fora da empresa é questão de sobrevivência!

Eficiência é a propriedade de um sistema, processo ou grupo de pessoas, realizar um trabalho despendendo um mínimo de recursos. Fazer da forma certa, fazer o máximo com o mínimo de recursos. Eficácia é a propriedade de se alcançar o resultado desejado. Fazer a coisa certa. Mas o que um bom gestor deseja é fazer o que deve ser feito usando o mínimo de recursos e da melhor maneira. Com isso, ele obtém efetividade!

Efetividade é a propriedade de realizar um trabalho com eficiência e eficácia, é fazer o que deve ser feito, da melhor e mais econômica maneira. Fazer a coisa certa, do jeito certo e investindo a quantia certa!

12.9 Planejamento de novos negócios, para expandir as receitas

Às vezes existe propositalmente uma diferença entre as vendas planejadas pela empresa e aquelas projetadas a partir dos números do negócio, definidas no planejamento estratégico. Essa "lacuna" entre o planejado e o projetado poderá ser preenchida pela gerência, de acordo com a estratégia, por meio do desenvolvimento de novos negócios ou a aquisição de empresas.

Crescimento Intensivo

Busca melhorar o desempenho dos negócios existentes através da procura de novos mercados para os mesmos produtos, novos produtos para os mercados atuais ou desenvolvendo novos produtos e novos mercados.

A figura ao lado apresenta as diversas opções de desenvolvimento através do crescimento intensivo.

		PRODUTOS	
		Atuais	Novos
Mercados	Atuais	Penetração no mercado	Desenolvimento de produtos
	Novos	Desebvolvimento de mercados	Diversificação

Crescimento Integrativo

Busca promover a integração com o setor do qual faz parte, por meio da aquisição de um ou mais dos seus fornecedores (integração para trás), aquisição de atacadistas ou distribuidores do seu produto (integração para frente) ou através da aquisição de concorrentes (integração horizontal). Se o volume de vendas ainda continuar insuficiente, a empresa poderá partir para o crescimento a partir da diversificação de mercado, entrando em novos negócios.

Crescimento por Diversificação

Se as opções anteriores não atenderam à demanda para ampliação das vendas e lucro, resta a alternativa de diversificação. A empresa pode produzir algo que tenha semelhança tecnológica ou que pertença ao mesmo mercado do seu produto atual (estratégia de diversificação concêntrica); procurar novos produtos que atendam aos seus clientes atuais mesmo que não tenham relação tecnológica com sua linha atual (estratégia de diversificação horizontal) e, finalmente, procurar novos negócios sem relação com a sua tecnologia, seus produtos e mercados (estratégia de diversificação conglomerada).

Redução de negócios superados

A empresa pode também, além de novos negócios, enxugar sua estrutura, reduzindo ou eliminando aqueles negócios que não estejam dando os resultados esperados, liberando recursos para investimentos de melhor qualidade. Pense nisso, pois nem sempre o que deu certo continua dando certo. O seu único apego dever ser à prosperidade!

12.10 Plano de Marketing

O Plano de Marketing constitui-se numa sequência lógica de atividades que levam à definição de objetivos de marketing e à formulação de planos para alcançá-los.

É um documento formal que relaciona os objetivos de marketing a serem alcançados e as respectivas ações que garantirão sua concretização, bem como os prazos e os recursos a serem despendidos.

O Plano de Marketing engloba tanto os aspectos estratégicos quanto táticos da organização. O Plano Estratégico cuida dos objetivos gerais e prioridades do marketing: análise da situação e das oportunidades dos mercados atuais. O Plano T*átic*o trata das abordagens específicas de marketing, incluindo comunicação digital e tradicional, publicidade, comercialização, especificações técnicas dos produtos e serviços, preços, distribuição e canais de serviços.

Enquanto a estratégia define o que deve ser prioritariamente feito, a tática define como isso dever ser feito.

Análise Situacional

Observe que no Planejamento Estratégico da organização as variáveis ambientais já foram analisadas. Agora, o foco será concentrado nos aspectos ligados ao marketing e baseado nos grandes objetivos definidos nesse planejamento.

Macroambiente

Serão avaliadas as forças mais gerais: econômicas, demográficas, legais, políticas, socioculturais e tecnológicas. (Ver "Quadro variáveis ambientais", em "Análise do ambiente", página 120). Para cada fator, responda à pergunta: qual será o impacto desse fator no meu negócio? O que surge como "oportunidade" para alavancar minha prosperidade e o surge como "ameaça" para essa prosperidade".

Mercado

Avaliar: segmentos (tamanho atual, potencial e crescimento); sazonalidade; estrutura de custos; sistemas de distribuição; números e desempenhos gerais.

Clientes - segmentação

Quais são os maiores clientes? Quais os mais lucrativos?

Quantificar cada segmento por tamanho, volume de compra, frequência e lucratividade.

Motivações do cliente.

> **Táticas** - Descrição minuciosa da estratégia quanto aos 4 Ps e às ações, prazos e responsáveis para a execução do Plano.

Que produtos cada segmento compra?

Quanto, como, quando, onde e por quê?

Quem decide a compra? Quem compra? Quem influencia? Quem usa?

Necessidades não-atendidas.

Por que não compram?

Por que compram do concorrente?

Concorrência.

Quais são os concorrentes atuais e potenciais?

Vendas, *market share* (participação ou fatia do mercado), rentabilidade, crescimento.

Quais suas características estratégias e mercados-alvo?

Que produtos oferecem, a que preço e por quais canais?

Como se posicionam? Como comunicam e promovem as vendas? Quais os resultados?

Quais suas forças e fraquezas, em relação à sua organização (análise comparativa)?

A sua Empresa ou Organização

Qual o desempenho de vendas, *market share*, rentabilidade por produto/mercado/projeto/segmento de clientes?

O que fazer para aumentar a satisfação e retenção dos clientes?

Qual a qualidade percebida dos produtos e serviços?

Qual a confiança na marca e reputação?

O custo está abaixo ou acima dos custos dos melhores concorrentes?

Como estreitar o relacionamento com fornecedores e distribuidores?

12.11 Análise SWOT do Plano de Marketing

Novamente é preciso fazer uma Análise SWOT (forças, fraquezas, oportunidades e ameaças), mas agora restrita aos aspectos relacionados ao marketing. Avaliar as ameaças e oportunidades para os produtos e serviços comercializados, as marcas de produtos divulgadas, a marca geral da empresa, as ações digitais e tradicionais, os eventos e tecnologias utilizadas, etc. Olhe para fora da empresa e avalie a probabilidade de danos (ameaças) ou benefícios (oportunidades) ao seu negócio. Olhe para dentro e identifique as suas forças, que potencializarão o seu desempenho em relação aos concorrentes, e também as fraquezas (pontos de melhoria), capazes de prejudicar as vendas e a reputação da sua organização.

Quais as oportunidades de marketing que poderão ser utilizadas para ampliar as vendas e garantir a satisfação dos clientes?

Objetivos

Estabelecer e quantificar os objetivos como resultados prioritários do Plano de Marketing e estabelecer os detalhes para a sua consecução (o que fazer, porque fazer, onde fazer, quando fazer, responsável e apoios para fazer, como fazer, recursos para fazer, como medir e metas desafiadoras para gerenciar o fazer) traçando um quadro sobre as implicações para o futuro desejado.

Estabelecer objetivos de marketing, vendas e lucratividade.

Definir estratégias específicas para os mercados-alvo e o *mix* de marketing.

Orçamento

Elaborar o orçamento para o Plano de Marketing destacando as verbas necessárias para a realização das metas e os resultados esperados. Dividir para investimentos (realizações incrementais) e manutenção (continuidade das ações recorrentes).

Implementação e controle - Monitoramento

Definir com clareza os indicadores de desempenho, as metas de resultados e programar as revisões periódicas. Pelo menos uma vez por mês reúna toda a equipe e discuta o que está funcionando e o que não está funcionando, entendendo as causas e criando ações específicas para atuar em cada causa identificada, retornando aos resultados desejados. Lembre que as metas precisam ser: específicas, mensuráveis, atingíveis, relevantes e temporais (EMART ou *SMART* em inglês)

"Os alemães foram os melhores estrategistas, mas foi a gestão americana que os derrotou" disse o saudoso Peter Drucker, mostrando que não basta planejar e encontrar formidáveis estratégias, é preciso executar bem e fazer uma gestão de excelência! A causa do insucesso de muitos planos de marketing é a falta de acompanhamento e indisciplina na execução!

O monitoramento do Plano deve contar com apoio dos líderes da alta direção e as metas precisam se apoiar mutuamente, contemplando possíveis atrasos, antecipações, ajustes inteligentes e repactuação de atividades.

Resumo Prático - Plano de Marketing

- Levantamento de dados
- Cenário global e do setor

- Quais são seus concorrentes?
- Pontos fortes e fracos
- Habilidades distintivas
- Ameaças e oportunidades
- Composição do mercado
- Comportamento do consumidor
- Dificuldades de penetração
- Concorrência
- Legislação
- Demanda total, por segmento e média
- Índice de satisfação com produtos e serviços existentes
- Fidelidade
- Renda
- Canais de distribuição

12.12 Conteúdo básico de um Plano de Marketing

Determinar onde estamos agora:

Análise da situação:

- Assuntos gerais
- Análise dos clientes e potenciais clientes
- Análise de oportunidades

Decidir para onde desejamos ir:

- Conjunto de objetivos de resultados prioritários.

Decidir como chegaremos lá:

- Descrição das vantagens competitivas e como usá-las. O impacto financeiro decorrente das ações estratégicas.

Decidir qual *feedback* precisamos (monitoramento da execução):

- Procedimentos de controle e aprimoramentos para os resultados.

Após todas essas etapas, você precisa ser capaz de responder o *Check List* abaixo:

1) Quais são os resultados prioritários, os objetivos estratégicos da nossa organização?

2) O que queremos ser no presente e futuro?

3) Qual será a imagem e reputação pretendida pela empresa, em função de sua missão, visão, e valores e negócio?

4) Quais são os pilares da nossa marca, as ideias força que traduzirão nosso diferencial competitivo, nossa promessa de entrega de valor superior?

5) Como se dará o alinhamento do discurso, ações de marketing e vendas com esses objetivos estratégicos? Como agir para "fazer acontecer"?

6) Quais são os consumidores típicos e potenciais para nossos produtos e serviços?

7) Quais são os produtos e serviços mais adequados para cada segmento de clientes?

8) Quais atributos desenvolvidos nos produtos e serviços estão alinhados com os desejos e necessidades do nosso público-alvo?

9) Quais são os mercados existentes e quais são as possibilidades de expansão?

10) Qual é a melhor abordagem para cada segmento de clientes? Considerar os papeis por segmento: influenciador, decisor, comprador, usuário.

11) Qual a melhor forma de acompanhar a evolução do comportamento de compra dos clientes e potenciais clientes? Considerar pesquisa direta, pesquisa indireta, bases de dados integradas, programas de relacionamento, etc.

12) Existirá alguma sazonalidade nas vendas? Como vencê-la?

13) Quais serviços de pré-venda, instalação/entrega e pós-vendas devem fazer parte da argumentação de vendas?

14) O que dificulta a nossa venda e como nos prepararmos para isso?

15) Qual deve ser a identidade dos produto, serviços ou marca corporativa para garantir a correta percepção de valor por parte do cliente?

16) Quais são as estratégias de custos, investimentos e metas de retorno financeiro atreladas à precificação determinada?

17) Quais são e por que foram escolhidas as localizações dos pontos de vendas, canais de distribuição, pontos de contato com os clientes, internet, etc.?

18) A estratégia de comunicação está adequada? Quais são os principais pontos de sucesso? E os de rejeição?

19) Quais atributos técnicos, vantagens e benefícios do produto/serviço devem ser enfatizados na comunicação para cada perfil de cliente?

20) O que podemos fazer, no dia a dia, para evoluirmos e prosperarmos cada vez mais?

Em síntese, para aumentar continuamente o seu sucesso, lembre-se que a tradução das demandas do mercado e a transformação das mesmas em "negócio" deve ser feita pelo planejamento estratégico de marketing, em interação com vendas, permitindo que os compradores percebam o valor dos esforços envolvidos nas transações. A função de vendas é aproximar as duas partes, gerando valor para toda a cadeia produtiva. O sucesso vem da sinergia e participação ATIVA dos gestores e equipes de vendas e marketing. Siga adiante! Dobre suas receitas!

PARTE 2

DOBRE SUAS RECEITAS COM DICAS PODEROSAS DE VENDAS E PERSUASÃO

1. VENDAS

Agora que você já domina as principais estratégias e dicas poderosas de marketing, chegou o momento de entender as estratégias e dicas poderosas de vendas e persuasão, lembrando sempre que marketing e vendas são "gêmeos siameses" e precisam se apoiar mutuamente, inclusive como área única dentro da empresa.

Vender está entre as atividades mais antigas do planeta, pois, a partir do momento que a humanidade passou a se comunicar por gestos, surgiram as trocas de mercadorias, onde alguém convence alguém a trocar e posteriormente adquirir algo. No mundo dos negócios, a área de vendas nasce imediatamente com a empresa, porque ela precisa urgentemente vender para fazer receita e assim permitir que todo o restante aconteça. O negócio só acontece quando a venda acontece, antes de a venda se concretizar, o que existe é esforço e intenção.

O marketing, enquanto atividade empresarial, desenvolveu-se muito após a segunda guerra mundial exatamente para que a empresa venda mais, venda certo e venda sempre! Defender a receita atual e estimular novas receitas é missão fundamental do marketing, que faz isso fortalecendo e dando visibilidade à marca, tanto no mundo material quanto no digital, estudando os hábitos e as preferências dos clientes para direcionar a criação de novos produtos/serviços e as melhorias dos atuais, monitorando os concorrentes, analisando o desempenho nos distintos mercados onde a empresa atua, identificando tendências e melhores práticas, selecionando onde, como e com qual periodicidade a comunicação mercadológica será feita, enfim, construindo muita confiança em tudo o que diz respeito à empresa para que ela tenha uma forte reputação.

Evite o erro de separar marketing e vendas, como se fossem áreas distintas e com assuntos separados. Faça todos entenderem que vendas se sairão bem melhor se se trabalhar em sinergia total com marketing, colocando-os inclusive sob um mesmo gestor e num mesmo local. Não crie um gestor de marketing e um gestor de vendas, crie sim um gestor de marketing e vendas com a obrigação de fazer essa integração e que todos se apoiem mutuamente para conseguirem melhores e maiores resultados.

Implemente momentos de interação em que as atividades de marketing e vendas sejam discutidas e surjam ações em conjunto, integradas. Uma frase que sempre digo nas empresas: "se tudo der certo, marketing e vendas vão juntos abraçados para o céu, mas, se der errado, marketing e vendas vão juntos abraçados para o inferno. Juntos, sempre juntos!"

2. Gestão de Vendas

Gerência de vendas: Estrutura e funções. O ambiente de vendas e de marketing. Administração e desenvolvimento da força de vendas. Estrutura e tamanho da força de vendas.

2.1 O que faz um gerente de vendas?

O gerente de vendas é o responsável por motivar, treinar e dirigir a equipe, avaliando quais pontos devem ser melhorados e, continuamente, buscando resultados mais expressivos. Uma característica básica é a liderança, com a qual deve traçar metas e objetivos, cobrar resultados ao longo de todo processo, além de detectar falhas e acertos, estimulando e auxiliando os componentes a aumentarem a eficácia nas vendas. Um bom gerente de vendas deve ter como atribuições:

Planejamento	Direção	Organização	Controle
Entenda a estratégia da empresa e como pode contribuir ativamente. Análise todos os aspectos que fazem parte da área de vendas, em interação com marketing. Defina os objetivos prioritários que definirão o trabalho e resultados da equipe. Quantifique as metas, tornando os resultados claros e práticos.	Crie um ambiente de trabalho voltado ao profissionalismo. Entusiasme todos da equipe. Oriente e dê apoio, buscando o desenvolvimento das pessoas. Ofereça treinamento contínuo para todos.	Coloque as pessoas certas nos lugares certos. Delegue autoridade, com critérios e orientações claras para as decisões. Defina as tarefas rotineiras: o que será feito e por quem, estabelecendo o prazo limite para conclusão.	Acompanhe diariamente todas as atividades da equipe, avaliando os resultados. Corrija os erros imediatamente, individualmente quando as falhas forem de um profissional e coletivamente quando envolver toda a equipe. Monitore os resultados, procedimentos e comportamentos.

Tabela 3: Adaptação do autor.

Além da estruturação do trabalho, organização das demandas e espírito de liderança, é também função do gerente criar indicadores para medir o desempenho da equipe. Para isso, é preciso compreender o que e como fazer para garantir a melhor avaliação de cada profissional:

O que fazer	Como fazer
Analisar a performance de cada um dos vendedores e da equipe em geral. Acompanhar o vendedor no dia a dia e dar suporte quando necessário. Identificar deficiências e necessidades de treinamento da equipe.	Estabelecer e negociar as metas de vendas da equipe de acordo com a estratégia da empresa. Analisar os relatórios de venda da equipe. Acompanhar o fluxo de processamento dos pedidos, identificando possíveis gargalos. Acompanhar o fluxo de transporte e entrega das mercadorias e serviços. Planejar o itinerário de vendedores, no caso de vendas externas, e a escala de horário e atendimento para os vendedores internos. Preparar e participar das reuniões da equipe de vendas. Controlar os recursos materiais dos vendedores (cartões de visita, agenda, material impresso e digital etc.). Fazer com que os vendedores possuam as mesmas oportunidades, ajustando a carteira de clientes, as rotas e as prioridades. Estabelecer concursos e premiações para a equipe, baseados nos resultados.

Tabela 4: Adaptação do autor.

O gerente de vendas, por sua vez, também deve ser alvo de avaliações periódicas por parte do empresário e gestores superiores. Esse acompanhamento do desempenho também passa por uma análise da relação com clientes e equipes, capacidade de liderança, frequência de compra de cada carteira, fidelização dos "clientes diamante / ouro" e razões da inatividade de clientes importantes. Para avaliar se a gerência está sendo eficaz, o empresário deve considerar as perguntas abaixo: Atribua uma nota de 0 a 10, para cada item, e crie ações para melhorar o desempenho onde a nota for menor que 7.

1) Seus clientes recebem algo além do que compram, em temos de valor?
2) Suas ações estão à frente dos concorrentes com estratégias que cativam mais os clientes?
3) Quando ocorrem erros ou acertos, eles levam a um aprendizado de toda a equipe?
4) Os clientes especiais recebem tratamento diferenciado e especial?
5) É cultura da empresa realizar o pós-venda, avaliando o que o cliente achou de todos os aspectos relacionados com a venda?
6) Os funcionários são tratados de maneira respeitosa?
7) Ocorrem vendas por telefone, internet, redes sociais e outros meios digitais?
8) A ética nos negócios e no tratamento com a equipe é considerada ponto fundamental?
9) A seleção dos funcionários e otreinamento no dia a dia são realizados seguindo critérios claros?
10) As falhas identificadas são corrigidas imediatamente, atuando-se nas causas?
11) O tempo dispensado aos clientes e à equipe é o mais nobre do dia?
12) Os funcionários várias vezes dizem: "isso é comigo"? Possuem "atitude de dono"?
13) Problemas particulares são separados dos problemas profissionais e tratados adequadamente?
14) A equipe de vendas é especializada e competente?
15) Muitas vezes, em vez de criticar os concorrentes e colocar a culpa nos preços, busca-se melhorar interna e externamente para superar as dificuldades no mercado?
16) São solicitadas sugestões aos clientes buscando melhorias? Essas solicitações são consideradas com seriedade?
17) A organização da área de vendas e dos processos envolvidos é ponto forte da empresa?
18) O treinamento sobre atendimento faz parte de uma rotina da qual não se abre mão?

19) A sinergia com o marketing é proativa e constante?

20) A contribuição para a estratégia da empresa está clara em termos de resultados?

2.2 O Consumidor

Como medir a satisfação do consumidor

Em um ambiente empresarial, um dos aspectos mais importantes está relacionado com a maneira de se interagir com os clientes: atender suas necessidades e expectativas, buscando satisfazer seus desejos e necessidades a um preço que ele esteja disposto a pagar e com lucro para a empresa fornecedora dos produtos e serviços! Desta maneira, a qualidade do serviço é um fator que, em última instância, determina a satisfação dos clientes, contribuindo para o processo de retenção, além de conquistar outros mercados. Um grande desafio para uma organização é como aumentar a satisfação dos clientes face à concorrência, num ambiente de negócios sempre em mudanças. As empresas estão cada vez mais percebendo evidências de que o investimento na qualidade do serviço paga altos dividendos na forma de expansão da reputação, elevação de lucros e aumento da moral dos funcionários.

A sistematização da qualidade dos serviços deve levar em conta os aspectos humanos envolvidos na sua execução, o que garante a melhoria no desempenho, na produtividade e na eficiência da equipe, redução dos custos, maior participação no mercado e, claro, a alta satisfação dos clientes. Sendo assim, gerenciar os processos sociais envolvidos em uma entrega; considerar as interações humanas como parte relevante da qualidade do serviço prestado; reconhecer a importância da percepção que o cliente tem da empresa, da cultura e da performance da organização; desenvolver as habilidades e a capacidade do pessoal e motivá-los a aprimorar cada vez mais são estratégias fundamentais para se obter ainda mais resultados.

Uma questão crucial que os gerentes vivenciam é: como medir esta abstração intangível chamada satisfação do cliente? Uma abordagem eficiente para medir a satisfação do cliente é baseada em seis premissas de trabalho:

Premissa um: a satisfação é formada pela interseção da experiência, da expectativa e do desejo do cliente em relação ao serviço prestado. Esta premissa faz uma clara distinção entre esses três pontos, contribuindo para criar um sistema de medida que encoraja e alimenta estratégias para melhorar a entrega. Cada um desses conceitos é tratado como um elemento distinto que, juntos, formam uma corrente de satisfação. A experiência é simplesmente a qualidade percebida pelo cliente, tendo como base as características que ele considera mais relevantes.

As expectativas são suposições antecipadas com relação ao serviço contratado. Normalmente, os clientes consideram expectativas sobre a natureza do prestador do serviço, as mensagens que usará (informação técnica, instruções etc.), o seu comportamento (amigável, profissional, indiferente), o processo passo a passo pelo qual o serviço se desencadeará e a duração do encontro. Os clientes formam expectativas com base em experiências prévias, por meio de informações importantes e por inferência. O desejo, por outro lado, é aquilo que os clientes gostariam de ver e sentir no futuro. Em outras palavras, se o cliente examina o "espetáculo" sem considerar preço ou outros fatores, ele especula o que poderia ser feito para melhorar o serviço.

Premissa dois: para medir a satisfação, é necessário observar de perto a experiência sob o ponto de vista do cliente. A meta é examinar os fatores que são verdadeiramente salientes, lembrando que o cliente pode valorizar a qualidade do serviço tendo como base qualquer critério que deseje. A realidade percebida e o critério de julgamento usados para a concepção desta realidade são fundamentais. Percebendo que os clientes formulam suas opiniões baseadas em uma lógica formal, torna-se clara a necessidade de iniciar uma profunda investigação sobre a percepção do cliente.

É importante usar um formato no qual os clientes possam descrever em detalhes, com suas próprias palavras, as razões por estarem satisfeitos ou insatisfeitos com as suas mais recentes vivências relacionadas à empresa. Os dados colhidos podem ser usados para criar um modelo de satisfação que reflita aqueles atributos que ele julga serem os mais importantes. Como exemplo, apresenta-se um modelo de serviço desenvolvido a partir de um estudo qualitativo com os clientes de uma importante empresa de utilidades. Esta pesquisa, conduzida por meio de uma amostragem representativa de clientes, encontrou seis dimensões diretamente relacionadas com a percepção da qualidade de serviços: acessibilidade, amabilidade, serviço responsivo, impotência, controle sobre o encontro e aspecto favorável com relação à empresa. Acessibilidade é definida como a percepção pelo cliente da disponibilidade do prestador de serviço para o contato. Ele deveria ser capaz de determinar, com um mínimo de esforço, aonde ir ou com quem falar a fim de resolver o problema.

Se o cliente é desviado para uma pessoa que não pode atendê-lo de forma apropriada, caracteriza-se uma perda de tempo que pode levar a altos níveis de frustração. Se estiver em dificuldades e for transferido para um empregado que não está autorizado a emitir uma ordem de serviço, provavelmente sentirá que está falando com a pessoa errada. Desta maneira, a disponibilidade está relacionada à facilidade com que um cliente pode identificar ou contatar a pessoa que pode assisti-lo.

Premissa três: um indicador confiável de satisfação permite a uma empresa estabelecer um nítido *benchmark* (melhor prática) ou referencial de excelência que é caracterizado por um indicador de líder reconhecido, usado para comparação. Uma empresa que trabalha com um modelo adequado de satisfação de serviço constrói um sistema de medição acurado para medir a satisfação do cliente, como uma entrevista de dois a três minutos por telefone ou internet, por exemplo. Estudos periódicos usando instrumentos dirigidos a modelos de satisfação podem estabelecer nítidos *benchmarks* para uma empresa. O resultado de tais estudos fornece aos gerentes subsídios para enfatizar treinamentos e estratégias de serviços. Além disso, as empresas podem utilizar empregados, especialistas externos ou representantes qualificados no sentido de colher *feedbacks* de oportunidades junto ao cliente. É preciso saber explorar adequadamente este flanco para obter uma vantagem competitiva!

Premissa quatro: medindo as expectativas e os desejos dos clientes, uma empresa pode decidir como estrategicamente exceder essas expectativas e, assim, influir na opinião sobre a entrega do serviço ou produto. Entrevistas adequadas fornecem *insights* para o desenvolvimento de estratégias específicas de melhoria do grau de satisfação, compreendendo-se que a existência de uma expectativa é vista como um padrão pelo qual uma experiência futura será julgada. Por exemplo, se uma pessoa espera que o seu refrigerador seja consertado em dois dias e isso leva quatro, ela estará insatisfeita e, provavelmente, transtornada. Por outro lado, receber o serviço de reparo em um dia significará um aumento de satisfação. Os pontos críticos mais relevantes a serem analisados com relação às expectativas de um cliente dizem respeito a: representantes da empresa, comunicação sobre o serviço, recebimento efetivo do serviço e experiências posteriores. Informações dessa natureza permitem que uma empresa meça o alcance total das expectativas de um cliente e passe a formular políticas e procedimentos que servirão para excedê-las significativamente.

Premissa cinco: um indicador de satisfação obtido por meio de um *benchmark* permite a uma companhia observar mudanças na satisfação de um cliente devido a ações estratégicas tomadas por ela ou mudanças no ambiente de mercado (política, economia, social e outras). Ao adotar uma avaliação por um período específico, uma empresa pode estabelecer *benchmarks* que podem ser usados como indicadores de desempenho de qualidade ou estabelecer a necessidade para mudanças nas políticas e ações da empresa. Em períodos de incerteza, um forte *benchmark* pode também ser usado para avaliar a seriedade de um problema ou verificar a tendência atual.

Premissa seis: os efeitos corretos de estratégias podem ser medidos de forma acurada pela observação da mudança na medida da satisfação. Através de um indicador confiável, uma empresa pode seguir a pista dos efeitos de estratégias específicas. Se mudanças no indicador de satisfação não puderem ser distinguidas no período especificado, as estratégias provaram ser ineficazes e desnecessárias. Essas análises podem ainda fornecer aos gerentes a avaliação do custo/benefício sobre as estratégias que tiveram impacto relevante. Muitas empresas testam as suas ideias isoladamente antes de implementá-las no contexto geral, utilizando-se de uma área limitada ou região para julgar a sua eficácia e eficiência. Uma empresa que explora adequadamente várias maneiras de medir a satisfação do cliente, ligando experiências, expectativas e desejos, encontra seguramente um caminho para obter uma posição competitiva superior.

O comportamento do consumidor

Ao estudar as diferentes políticas para colocar um produto no mercado, a direção de uma empresa pode optar por uma estratégia de venda, de produto ou de consumidor.

Se a orientação preferida é a de venda, a empresa parte do pressuposto de que os consumidores não comprarão o produto a não ser sob um importante esforço de promoção. Essa pressuposição baseia-se no princípio que "se você pode fabricar, eu posso vender" e fará com que todos os esforços sejam direcionados para a propaganda, a promoção, a venda pessoal, os pontos de venda e a Internet. Levada às últimas consequências, essa política pode se converter numa espécie de venda forçada, podendo ser ofensiva para muitos consumidores.

A orientação estratégica baseada no produto fundamenta-se no princípio de se construir uma "arapuca" melhor. São características desse enfoque os elevados custos de pesquisa e desenvolvimento, uma atenção preferencial a tecnologias inovadoras e frequentes modificações no produto. Importante reforçar que os aspectos da comercialização e os estudos sobre o consumidor, apesar de secundários, precisam receber adequada atenção!

Já a orientação estratégica de consumidor baseia-se no conceito: "procure saber o que eles querem para oferecer o que vai vender". Suas principais linhas resumem-se, portanto, na determinação das necessidades e desejos dos consumidores, bem como na motivação da empresa para satisfazê-los com mais acerto e eficácia do que os competidores. A pesquisa de marketing e ações de relacionamento recebem atenção especial, direcionando o desenvolvimento do produto, sua promoção e outras variáveis da comercialização. Assim sendo, a direção desenvolve um plano com o objetivo de colocar o produto no mercado a partir de uma filosofia da gestão comercial orientada para o consumidor.

Vantagens da orientação ao consumidor

Ao priorizar a adoção de uma estratégia orientada para o consumidor, você poderá obter uma imagem mais exata da estrutura de seu mercado. Como as necessidades do consumidor tem duração maior que o ciclo de vida dos produtos, uma política orientada para satisfazê-las evidenciará sua verdadeira capacidade de inovar incremental e radicalmente, melhorando o que existe e criando valores até então inexistentes.

Além disso, haverá menos desperdício e se conseguirá maior rendimento do esforço de comercialização, diminuindo seus custos e aumentando a rentabilidade dos investimentos. Se a empresa é capaz de proporcionar aos consumidores aquilo que precisam ou desejam, já não será necessário persuadi-los tanto. Clientes mais próximos estão também mais receptivos às mensagens comerciais tradicionais e digitais, resultando na redução do esforço e frequência da comunicação organizacional.

Uma vez que o desenvolvimento de um produto é fruto das mudanças dos desejos dos consumidores e das inovações tecnológicas, uma estratégia orientada para o consumidor implica em estruturar melhor a pesquisa desse produto, diminuindo o risco de eventuais equívocos na escolha. Por outro lado, aqueles que experimentam redução de demanda no mercado são postos de lado e substituídos por novos com maior facilidade, possibilitando êxitos mais rápidos. Dessa forma, a empresa poderá se converter em líder, em vez de ser imitadora de outras.

A estratégia de orientação baseada no consumidor aumenta a sua satisfação porque ele recebe aquilo que deseja na medida certa. Essa satisfação tem efeito multiplicador, com frequência, favorecendo as recomendações pessoais e por meio das redes sociais, uma forma poderosa para gerar novas demandas! Uma satisfação maior reforça também a fidelidade para com a marca, tornando a opinião pública mais positiva e duradoura.

2.3 O ambiente de vendas

Mudanças no ambiente de venda e marketing

Como já discutido na Parte 1, sobre como dobrar suas receitas com marketing, o século XXI trouxe uma dramática mudança no mundo dos negócios. Em termos de vendas, os líderes de mercado devem aproveitar o potencial da tecnologia da informação e da internet, antecipando as mudanças no comportamento de compra e criando novos modelos de venda para sobreviver e obter crescimento. Esses rápidos avanços produzem riscos e oportunidades que abrangem questões estratégicas de planejamento de vendas, dentre os quais destacamos os mais evidentes para as suas metas e objetivos comerciais:

1. Planejamento e alocação de recursos
2. Administração de vendas e canais de distribuição
3. Expansão e desenvolvimento de produtos X mercados
4. Compreensão do comportamento do consumidor
5. Administração dos parceiros de negócio e a integração da cadeia de suprimentos
6. Consolidação das vendas e o marketing mix
7. Ampliação dos incentivos e controles de performance

Perceba como a sinergia entre marketing e vendas é total e crucial! A seguir examina-se criteriosamente cada um dos pontos levantados acima:

1. Planejamento e alocação de recursos. É de conhecimento geral que a "comoditização" (sensação de que estão cada vez mais parecidos) de produtos, o e-commerce, o social-commerce e a presença de novos competidores estão pressionando as margens de contribuição, pressionando as organizações a reduzirem os orçamentos de marketing e vendas. Como resultado, as empresas terão de ser inovadoras o suficiente para poder crescer com menos, exigindo maior precisão dos investimentos.
2. Administração de vendas e canais de distribuição. A estratégia de diversos canais tradicionais e digitais vem sendo adotada pela maioria das organizações líderes no mercado. São sistemas híbridos combinando múltiplos pontos de interação, como vendas em campo, *call center*, sites na Internet, redes sociais, agentes de negócios, lojas próprias, lojas de representantes terceirizados e outros. Vale notar que a integração e o fluxo das informações são fundamentais para que se possa avaliar em tempo real quais produtos entregar e que preços praticar, em cada uma das diversas fatias de mercado.
3. Expansão e desenvolvimento de produtos X mercados. A introdução de novos produtos e serviços obedecerá a lógica da abordagem econômica de "customização de massa", tanto para consumidores individuais quanto para canais e parceiros. Adicionalmente a tendência será ampliar a participação no cliente (*share of customer*), buscando novos mercados em substituição e incremento aos que se tornam obsoletos.

4. Compreensão do comportamento do consumidor. O ambiente de negócios irá consolidar a visão de que o consumidor tem uma expectativa baseada nas necessidades de conveniência, comodidade e sensação de personalização do atendimento, com foco no desenvolvimento do relacionamento presente e futuro.
5. Administração dos parceiros de negócio e a integração da cadeia de suprimentos. Administrar todos os componentes que integram a cadeia de valor (o que vem antes, a empresa e o que vem depois) e segmento de atuação exigirá muita organização, pois, possivelmente, ocorrerão conflitos entre empresas, parceiros e canais a respeito do controle da marca, relacionamento com os clientes, *prospects* e acesso ao mercado.
6. Consolidação das vendas e o marketing mix. Redefinir a marca, os preços, a comunicação, a distribuição e as estratégias de marketing serão políticas relevantes dentro das empresas, que necessitarão capitalizar o poder da nova interatividade, integrar bancos de dados e fortalecer o posicionamento de mercado.
7. Ampliação dos incentivos e controles de performance. Os controles de desempenho deverão ser realizados por meio da implementação de soluções «ponta a ponta», suporte online, metas indutoras (visitas, contatos, palestras, conteúdos direcionados , etc.) e metas finalísticas (receitas com novos clientes, receitas com clientes atuais e recuperação de receitas com clientes inativos ou perdidos).

Diante dos itens citados, é preciso aproveitar as oportunidades a fim de se prevenir das possíveis ameaças advindas deste cenário de constantes mudanças em alta velocidade:

1. Com a introdução de novas tecnologias e disseminação do uso da internet, as empresas tendem a sofrer perda de clientes por meio de uma menor intermediação.
2. Em razão da "comoditização" dos produtos e serviços, além das alterações na relação de oferta X demanda, a formação dinâmica dos preços poderá produzir uma redução das margens de contribuição e forçar a busca pela redução dos custos.

3. Tendência para um aumento das ações de relacionamento e fidelização dos clientes.
4. Como resultado deste contexto, as empresas podem experimentar: fracasso se nada fizerem; fracasso se fizerem a coisa errada; fracasso se fizerem a coisa certa, mas tardiamente; sucesso se atuarem com proatividade e acompanhamento sistemático dos seus mercados.

2.4 Administração e desenvolvimento da força de vendas

Definições preliminares

Dentro dos esforços de comunicação que uma empresa pode estabelecer, explicados na Parte 1 sobre marketing, as vendas pessoais podem ser consideradas ferramentas poderosas de comunicação, assim como as propagandas, as ações de marketing direto, as relações públicas e as promoções direcionadas. As vendas pessoais também são uma forma da empresa levar sua mensagem aos grupos de consumidores desejados.

Outro ponto importante é que as vendas pessoais também funcionam como canal de distribuição, responsáveis por levar os produtos dos fabricantes aos clientes e torná-los disponíveis. Por exemplo, vendedores de fabricantes podem ser classificados como um canal de distribuição direto, baseado no fabricante. Já os representantes de venda são classificados como agentes de venda, baseados em fabricantes, atacadistas ou mesmo varejistas. Na Avon e Natura, as suas centenas de milhares de vendedoras funcionam também como agentes de entrega dos produtos (ver www.avon.com.br e www.natura.combr)!

As definições de vendas a seguir mostram que, de fato, elas são importantes tanto para as receitas quanto para o processo de comunicação organizacional. A venda pode ser definida como um processo de comunicação em que um vendedor identifica e satisfaz as necessidades e os desejos de um comprador, para o benefício de longo prazo de ambas as partes de acordo com os critérios e lucratividade do negócio. A venda pessoal caracteriza-se como a comunicação (verbal ou digital) direta para explicar como bens, serviços ou ideias de uma pessoa ou empresa servem às necessidades e aos desejos de um ou mais clientes potenciais. O processo de comunicação está na essência da venda, no entanto o seu papel como "distribuidor" de produtos em diversos momentos não pode ser ignorado.

A venda pessoal é a "hora da verdade", quando os representantes da empresa ficam frente a frente com os compradores em potencial, realizando o negócio e fazendo acontecer, reforçando a prosperidade e funcionando como um elo entre a empresa e os clientes. O "vendedor é a empresa", na visão de dos seus clientes, pois as imagens estão fortemente associadas. A verdadeira diferença está relacionada com o papel que a força de vendas pode ter: canal de comunicação, relacionamento, fidelização, desenvolvimento de atuais ou novos negócios, reforço da marca, barreira aos concorrentes, diferencial humano e distribuição. Importante destacar que mercados industriais, compostos por outras empresas ou instituições, são caracterizados por um número menor de compradores e, geralmente, estão concentrados geograficamente, se comparados a empresas que vendem a consumidores finais (pessoa física): produtos de consumo em geral, serviços pessoais e eletrodomésticos. Essa qualificação e concentração dos mercados empresariais torna mais viável e eficaz o uso de vendedores, também qualificados e bem preparados, para a concretização do negócio em vez de vendas somente por telefone ou pela Internet.

Muitas empresas possuem processos de compra mais complexos, demandando auxiliares para a busca de informações e realização dos processos, com diversos participantes a influenciar a decisão final da compra de determinado equipamento ou serviço. Isso exige uma atenção especial da empresa vendedora para a identificação dos distintos participantes e atendimento das diferentes expectativas, desenvolvendo relacionamentos também com esses influenciadores. Lembre-se sempre que, em processos de compra mais complexos, sobretudo em mercados industriais (chamados *B2B – business-to-business*) o papel do vendedor se torna fundamental e um diferencial, refletindo na estrutura organizacional e no orçamento de marketing da empresa.

Assim sendo, no marketing *B2B*, as vendas pessoais recebem uma importância muito grande, tornando-se mais do que simplesmente uma ferramenta de comunicação ou canal de distribuição e relacionamento. Pode ser entendida como "o quinto P" do composto de marketing (Modelos dos 4 Ps visto na Parte 1) das empresas. Nesse caso, o planejamento de vendas precisa contemplar essa variável como um diferencial complementar ao planejamento e à estratégia de marketing, à comunicação ou mesmo de distribuição.

Adicionalmente, a necessidade de se aumentar a fidelização dos clientes tem feito com que as estratégias de vendas pessoais sejam utilizadas em conjunto com programas de relacionamentos com clientes e automação de vendas, como visto na Parte 1 sobre *Customer Relationship Management* (CRM). Manter um cliente lucrativo, em média, fica entre 3 a 5 vezes mais barato que conquistar um novo cliente a cada dia. Fidelizar cliente é fidelizar receita, base para você dobrar o seu faturamento! A propósito, quais tem sido os seus esforços e ações para entender e classificar os seus clientes, criar ações específicas para cada segmento de clientes, monitorar a permanência e satisfação de cada segmento? Se hesitou em responder, ou tem baixa certeza da efetividade das suas ações a respeito, comece pelo início: reúna profissionais que possam contribuir nesse sentido (dentro e fora da empresa), faça um diagnóstico e crie ações de implantação e melhoria!

O quadro abaixo mostra as principais ações do vendedor, agrupadas em dez atividades centrais. Avalie cada uma e identifique onde pode ganhar desempenho, de acordo com a sua realidade organizacional e perfil dos clientes.

Estrutura e tamanho da força de vendas

Podemos considerar que os vendedores são os principais elos das organizações com os seus clientes. Reitero que o profissional de vendas "é a empresa para muitos deles" e é ele quem traz informações preciosas dos clientes para dentro da organização, fomentando a inteligência e as estratégias empresariais. Por isso, considere cuidadosamente os pontos recomendados a seguir para a configuração da sua força de vendas: desenvolvimento de objetivos, estratégias e estrutura.

Com relação aos objetivos e estratégias, qualquer que seja o contexto da venda, os vendedores precisam realizar as seguintes tarefas abaixo:

1. **Avaliação do mercado e prospecção**: busca de clientes potenciais e indicações.

2. **Definição de alvo e manutenção**: alocação do tempo entre clientes atuais e futuros.

3. **Comunicação**: transmissão de informações sobre os produtos e serviços da empresa.

4. **Venda**: apresentação, respostas às objeções e ao fechamento da venda.

5. **Atendimento**: oferta de serviços aos clientes, como consultoria para solução de problemas, assistência técnica, agilização de entregas e gestão das expectativas, entre outros.

6. **Coleta de informações**: participar em pesquisas de mercado e trabalhos de inteligência (captação e análise de informações, para a tomada de decisões).

7. **Alocação**: definição dos clientes que não podem ficar sem produtos em períodos de baixas ofertas.

É preciso que a empresa defina objetivos específicos para sua força de vendas, como: dedicar 50% do seu tempo para clientes existentes e 50% para os que estão em fase de prospecção; fazer 10 visitas semanais, perseguir uma margem média de lucratividade líquida de 15% (lucro líquido s/ receita líquida); fechar R$ X mil em vendas para novos clientes; R$ Y mil em vendas para clientes atuais e R$ Z mil em vendas para clientes reativados (estavam inativos e voltaram a comparar). Lembre-se que você deve avaliar seus vendedores não somente pelo volume de vendas, mas também pela satisfação dos clientes e a capacidade de gerar lucros. *"Diga-me o que medes e te direi para onde vais, diga-me quais* são tuas metas e *te direi com qual velocidade vais, e diga-me o quanto capacitas a tua força de vendas e te direi com que consis*tência *vais"*.

Quanto à estrutura da força de vendas, podemos identificar quatro modalidades mais comuns:

1. **Por território**: o vendedor é designado para um território exclusivo. Uma das vantagens dessa opção é que transfere uma responsabilidade clara para o vendedor, aumenta o incentivo para cultivar negócios locais

e desenvolver ligações pessoais. Essa forma também proporciona baixas despesas de viagem quando a área de atuação não é muito extensa.

2. **Por produto**: algumas grandes empresas procuram direcionar sua equipe de vendedores para uma determinada linha de produtos. Essa modalidade se justifica quando as linhas de produtos são muito complexas, tecnicamente entre si, ou quando os itens são muito numerosos.

3. **Por mercado**: é frequente algumas organizações, em especial de serviços, delimitarem a atuação de seus vendedores a um grupo ou setor específico de clientes. Nesse caso, uma grande vantagem é que os vendedores poderão conhecer a fundo suas necessidades específicas. A desvantagem é que estes podem estar espalhados por todo o país, gerando altos custos de viagens.

4. **Combinada ou híbrida**: essa modalidade é geralmente aplicada para empresas que vendem grande variedade de produtos e serviços para muitos tipos de clientes distribuídos em uma extensa área geográfica. O direcionamento dos vendedores pode ser por território-produto, território-mercado, produto-mercado e assim por diante.

Além das estruturas acima, é comum direcionar vendedores específicos para atuarem apenas com grandes contas, ou seja, com grandes clientes que compram grandes volumes – *key accounts* ou clientes diamante. Nesse contexto, é celebrado entre as partes um contrato mais amplo de prestação de serviços, desenvolvimento de soluções específicas, redes estruturadas e apoio mútuo, dentre outros. Discutiremos, a seguir, outras decisões que envolvem as equipes de vendas: tamanho, remuneração, perfil, recrutamento e seleção, motivação, treinamentos, supervisão e avaliação.

2.5 Estudo de Caso: o modelo de gestão de vendas da Ambev

"Cada dia uma batalha!"
"A venda não para: foco na eficiência!"

A Ambev se destaca pela forte presença em pontos de venda e pelo trabalho otimizado de sua equipe, umas das mais eficientes equipes de venda no Brasil, juntamente com a estrutura de canais de distribuição. O propósito desse Caso é evidenciar itens importantes que foram utilizados por ela em algum momento da sua gestão, ao longo da sua história corporativa, instigando você a aprimorar suas ações comerciais e resultados da sua empresa, para dobrar as suas receitas. Para mais informações, acesse www.ambev.com.br.

Destaca-se no modelo Ambev uma previsão de vendas feita para regiões de forma macro, sendo depois subdividida em menores regiões, que são subdivisões de uma cidade. A quota de venda é formada por volume e margem atingida, que, por sua vez, correspondem a determinado número de pontos.

O objetivo de vendas da empresa é formado em pontos (quantidade e margem) somado aos índices de performance. Ao vendedor cabe vender determinado número de caixas de cerveja a diferentes preços em diferentes pontos. Metas quantitativas são calculadas com base no potencial de cada território, que é estimado pelo número de pontos de venda.

O bônus pago ao final do ano, como incentivo e reconhecimento, está relacionado aos índices de desempenho criados pela empresa e superados pelos profissionais. Vendedores possuem roteiros de visitas preestabelecidos. O uso da tecnologia por meio de dispositivos móveis (smartphones, tablets, laptops , etc.) para encaminhar pedidos permite à Ambev controlar se as agendas e os roteiros estão sendo cumpridos. A remuneração de vendas é formada sendo praticamente metade fixa e metade variável, podendo variar conforme as metas estratégicas. A parte variável é composta pela venda de produtos: parcelas diferentes para cervejas (exemplo 50%) e refrigerantes (exemplo 20%) e os 30% restantes estão relacionados aos índices de performance, como desvio de rota e devolução, entre outros. Vendedores trabalham com diferentes produtos, considerando cerveja (equipe separada por produtos) para evitar canibalização (concorrência entre produtos da mesma empresa) na tentativa de se vender o mais fácil. O vendedor que recebe uma região dificilmente atende a novos clientes, pois recebe a carteira formada e roteiros de visitas prontos. Existe um rodízio de áreas por vendedor, para evitar os vícios naturais que surgem quando se desenvolve um excessivo relacionamento com o cliente varejista, como acomodação do preço. O rodízio evita isso e faz com que vendedores novos entrem também nos piores territórios, evoluindo quando mostram seus méritos, passando a assumir territórios melhores.

A gerência de vendas promove reuniões diárias com a equipe: reunião dos supervisores com vendedores às 07 horas seguida de uma reunião geral, ambas com duração média de trinta minutos. O objetivo é motivar para a batalha do dia com planos de incentivos, melhorias do desempenho baseadas na posição diária da performance, determinar a venda de um produto ou categoria específicas, como por exemplo o guaraná.

Inspirado por esses itens do modelo Ambev, o que poderia ser aprimorado na sua gestão comercial?

3. Princípios da venda pessoal

Marketing Pessoal. Perfil do profissional de vendas. Posicionamento emocional e de comunicação. Rede de relacionamentos. Imagem. Ações de apoio e incentivo. Estratégias de negociação.

3.1 A Importância do Marketing pessoal

O modelo de sociedade de consumo em que vivemos dita padrões de competitividade extremamente elevados em praticamente todas as áreas, tanto em aspectos visuais, relacionados à comunicação e ao conhecimento, quanto em outros aparentemente secundários. Pequenos detalhes podem determinar o seu sucesso ou o fracasso!

O reconhecimento de competências e habilidades é fundamental para diferenciar e situar um indivíduo no contexto social em que vive e determina, em grande parte, a maneira como estará posicionado para o sucesso profissional e pessoal. Isso é decisivo em vendas e várias outras atividades que envolvam a interação humana.

.A grande maioria das pessoas não possuem competências e habilidades distintivas, porém muitos as possuem e, por uma série de fatores, elas não são facilmente reconhecíveis nem percebidas. Habilidades encobertas geram uma grande desvantagem, especialmente quando a competição é acirrada. Todos já se perguntaram: "porque fulano de tal, sendo menos preparado, menos hábil, menos esforçado e experiente, galgou sucesso pessoal ou profissional maior do que o nosso?".

Possivelmente uma das respostas seja a prática do chamado marketing pessoal, que não deve ser confundido com "arrogância superficial". Marketing pessoal pode ser definido como uma estratégia individual para atrair e desenvolver contatos e relacionamentos interessantes do ponto de vista pessoal e profissional, bem como para dar visibilidade a características, habilidades e competências relevantes na perspectiva da aceitação e do reconhecimento por parte de outros.

Foi-se o tempo em que marketing pessoal era um instrumento político, falso, visando apenas uma conquista específica. Hoje em dia, para avançar no mercado e ser reconhecido, vem se tornando uma ferramenta cada vez mais necessária para todos, do mais simples ao mais sofisticado.

Os elementos fundamentais, relacionados à prática do marketing pessoal, são:

- A qualidade do posicionamento emocional para com os outros.
- A comunicação interpessoal.
- A montagem de uma rede relacionamentos (*networking*).
- O correto posicionamento da imagem.
- A prática de ações de apoio e incentivo para com os demais.

O **posicionamento emocional** pode ser definido como a forma com que as pessoas se lembrarão de um indivíduo. Algumas se recordam de outras pela maneira cortês, positiva e educada como foram tratadas, pela sinceridade e zelo com que tiveram o contato, enfim, pelas emoções positivas que remetem à imagem do outro. Ao contrário, há pessoas que deixam uma imagem profundamente negativa, mesmo que o contato interpessoal tenha sido curto.

Assim, a prática do marketing pessoal deverá ser responsável por um grande cuidado na maneira como se dão os contatos interpessoais. São fundamentais atitudes que remetam à atenção, à simpatia, à assertividade, à ponderação, à sinceridade e à demonstração de interesse pelo próximo, de uma forma autêntica e transparente. Atenção personalizada a quem quer que seja nunca é investimento sem retorno!

A **comunicação interpessoal** pode ser definida como o grande elo que destaca um indivíduo em meio à massa. Quando ele fala, quando se expressa por escrito ou oralmente, quando cria vínculos de comunicação continuada, externa o que tem de melhor em si. Usar um português correto e adequado a cada contexto, escrever bem, vencer a timidez, usar diálogos motivadores e edificantes e manter um fluxo de comunicação regular com as pessoas é algo básico para um bom desenvolvimento do marketing pessoal. De modo geral, há uma forte tendência ao reconhecimento das pessoas que se comunicam bem como líderes no campo em que atuam.

Rede de relacionamentos pode ser definida como uma teia de contatos, nos mais variados níveis, fundamentais para o indivíduo se situar socialmente, tanto de forma vertical (relações em plano mais elevado que o seu) quanto horizontalmente (com seus pares). Quando se fala em rede de contatos, dois desafios surgem imediatamente: dimensionar os relacionamentos de forma plural, isto é, ser capaz de se relacionar em qualquer nível, tornando-se lembrado por todos de forma positiva; e fomentar a rede de contatos, enviando mensagens periodicamente, fazendo-se presente em eventos sociais e tratando os outros com atenção e cordialidade.

O posicionamento de imagem pode ser definido como uma adequação visual planejada ao contexto social. É fato que a sociedade hipervaloriza a imagem e, exageros à parte, o princípio do cuidado visual precisa ser analisado realisticamente. Assim, o traje correto e adequado ao momento, a combinação estética de peças, cores e estilo, bem como os cuidados físicos fundamentais (o corte do cabelo, a higiene, a saúde dentária , etc.) são fundamentais para uma composição harmônica e atrativa da imagem.

Você compraria um carro altamente potente, mas esteticamente ultrapassado e com design obsoleto? Contrataria, para lidar com seus clientes, um funcionário competente, mas visualmente desleixado e desarrumado? Admira produtos como Ipad e Iphone? Vibra com as linhas arrojadas do último lançamento da sua marca predileta de carro? Suspira ao ver uma mulher linda, bem arrumada, perfumada ou um homem elegante, num terno bem cortado? Intuitivamente todos reconhecem a importância da aparência para o sucesso das pessoas, produtos e experiências profissionais.

Na ausência de qualquer referência sobre você, as pessoas invariavelmente vão julgá-lo pela sua aparência, que se estende para as roupas, adereços, cabelo, perfume, gestual e postura do próprio corpo. Isso é tão importante que pode definir o seu sucesso ou seu fracasso rapidamente, principalmente se quem estiver diante de você for alguém exigente e de sucesso. Investir na aparência é tão importante que, não raro, altos executivos confidenciam que não contrataram determinada pessoa porque não "irradiava" a aura de sofisticação e imagem buscada pela empresa, apesar de competente. Dizem também que se o profissional não cuida da sua própria estética não cuidará também dos negócios da empresa. Casos famosos, incluindo ex-presidentes, vários artistas e empresários nos mostraram que o esmero pelo "receptáculo" abre portas e muda o patamar de conquistas de um indivíduo, independentemente de sua área de atuação.

Avalie com sinceridade: a sua aparência reflete o sucesso que você já desfruta ou quer desfrutar? Sua imagem inspira confiança e atrai pela elegância? Sua comunicação visual está adequada à prosperidade que você quer? Se não soube responder a essas perguntas, está na hora de rever seus conceitos e investir mais em você mesmo!

Finalmente, **a prática de ações de apoio e incentivo** para com os demais é o grande elemento do marketing pessoal e, como destaque social, a melhor forma de galgar um lugar nas mentes e corações dos que nos cercam. No entanto apoiar, ajudar e incentivar as pessoas deve ser um conjunto de atitudes sinceras, transparentes e baseadas no que se tem de melhor. As ações meramente aparentes são facilmente detectadas e minam a essência do marketing pessoal verdadeiro. O segredo, portanto, é sempre se perguntar: de que maneira posso ajudar? De que forma posso apoiar? Como posso incentivar o crescimento, o progresso e o bem-estar dessa pessoa?

Quando bem praticado, o marketing pessoal é uma ferramenta extremamente eficaz para o alcance do sucesso social e profissional. Além de beneficiar quem o pratica, também proporciona bem-estar para todos que estão ao redor.

3.2 O perfil do profissional de vendas

Pensando nos conceitos que envolvem o marketing pessoal, algumas características tornam-se fundamentais na formação do perfil adequado ao profissional de vendas:

- Respeito hierárquico: saber ser leal à empresa em que trabalha e aos seus objetivos, reconhecer e cumprir as instruções e os procedimentos padrões.
- Alegria: o profissional de vendas deve ser e estar permanentemente alegre, a atitude "cara fechada" é prejudicial ao seu desempenho e simpatia.
- Ambição: falta de ambição leva a pessoa a não se esforçar e, consequentemente, não cumprir as suas missões.
- Aprendizagem: boa capacidade para aprender e compreender os fatos.
- Apresentação: os aspectos e os modos do profissional de vendas devem traduzir higiene e esmero ao se vestir, de acordo com o negócio e perfil dos clientes.
- Aproveitamento do tempo: capacidade de administrar racionalmente o seu tempo. O vendedor que não consegue se programar, perde boas probabilidades de venda.
- Atenção: estar, permanentemente, alerta para tudo o que ocorre ao seu redor, pois, muitas vezes, o êxito nas vendas está num pormenor, num detalhe.
- Atualização: atitude proativa voltada para manter-se "antenado" com os acontecimentos.
- Autorrespeito: deve respeitar a si próprio e a sua profissão, a partir do autor respeito se obtém o respeito dos outros.
- Boa memória: a memorização facilita a identificação de pessoas e problemas.
- Capacidade de avaliação: conseguir criar critérios objetivos para saber avaliar o cliente e suas argumentações.
- Capacidade de empatia: um dos elementos basilares da persuasão! Saber colocar-se no lugar do proponente com compreensão e simpatia, pois isso literalmente atrai as pessoas.
- Capacidade de ouvir: saber ouvir para poder argumentar, para decifrar tudo que o interlocutor quer dizer nas linhas e entrelinhas. Há um provérbio oriental que afirma que "a sabedoria divina é tão grande que criou o homem com dois ouvidos e apenas uma boca, para que pudesse ouvir mais e falar menos".
- Capacidade de recuperação: disposição para se refazer dos revezes e rapidamente readquirir a serenidade.
- Conhecimento do produto e serviços: conhecer profundamente o produto e serviços que vende, para ter segurança técnica. O interesse

sincero pelo negócio facilita a venda, pois deve "comprar" o que oferece antes mesmo de tentar vendê-lo.

- Convicção: precisa estar convicto daquilo que vende porque convicção espelha confiança!
- Cortesia e gentileza: elementos facilitadores do processo de venda, fazendo parte fundamental do bom atendimento e relacionamento.
- Decisão: estar apto a tomar decisões e obter decisões por parte dos compradores.
- Energia: combustível para enfrentar situações complicadas e buscar novos desafios.
- Entusiasmo: contagia a todos e produz um espírito de otimismo.

Siga fielmente cada um desses itens, desenvolva-os nas suas equipes de vendas e apoiadores das vendas e tenha certeza que está no caminho certo para dobrar as suas receitas!

3.3 Estratégias de Negociação

Uma das funções mais nobres de vendas é a negociação, entendido como o processo de alcançar objetivos por meio de um acordo em situações que existam interesses comuns, complementares e opostos. Pode-se perceber que uma negociação envolve duas ou mais partes interessadas em firmar um relacionamento, pontual ou contínuo, objetivando a troca de bens ou serviços entre empresas ou entre empresas e consumidores. Para alcançar esse objetivo, a base é o conhecimento entre as partes, conseguido pelo grau de relacionamento e interesse mútuo, quando são criadas as condições para a formação da confiança que determina o acordo ou fechamento da venda.

Grande parte dos negócios entre empresas e pessoas envolve habilidades de negociação. Embora o preço seja o elemento negociado com maior frequência, há outras questões importantes como a data do término do contrato, a qualidade dos bens e serviços oferecidos, o volume, a responsabilidade pelo financiamento, pelo risco, pelas promoções, segurança, assistência técnica e garantias.

As habilidades necessárias ao profissional de vendas podem ser divididas em três categorias: habilidades interpessoais, técnicas e de negociação. As habilidades interpessoais são essenciais, pois estão relacionadas ao contato com as pessoas. As habilidades técnicas dizem respeito ao conhecimento técnico e das características dos produtos e serviços comercializados. As habilidades de negociação envolvem uma visão muito ampla que deve ser desenvolvida de acordo com o perfil do cliente e experiência do profissional de vendas, envolvendo quatro etapas principais: preparação, discussão, proposta e barganha.

A primeira etapa é a preparação, na qual o profissional de vendas irá reunir todas as informações internas e externas necessárias para montar sua estratégia de apresentação ao cliente. Após a preparação da apresentação, a negociação entra na fase da discussão, a qual discutem-se e acertam-se os detalhes técnicos, prazo de entrega, pagamento e outros. A terceira etapa é formação da proposta, em que se procura fechar e refinar os pontos concordantes e discordantes do negócio. Logo após entra em cena a barganha, quando realmente as discussões acontecem e os clientes reivindicam benefícios e vantagens para se concluir a negociação. O ideal é que as concessões ocorram entre ambas as partes e que as duas conquistem vitórias, e não somente uma parte consiga vantagem sobre a outra – o foco é a "relação ganha-ganha".

Quanto maior for a intensidade do interesse comercial, maior deverá ser o esforço de relacionamento, em que a busca do equilíbrio e a consequente conquista dos objetivos das partes envolvidas acabará por definir o fechamento da venda. Fique atento aos sete pontos-chave para conduzir as negociações:

- Comunicação: representa o entendimento das mensagens transmitidas pelas partes envolvidas.
- Relacionamento entre as partes: engloba o trabalho em conjunto na busca por melhores soluções.
- Interesse: atender aos interesses do cliente, mas proteger a lucratividade e resultados da organização.
- Opções: compreender qual é o verdadeiro interesse do cliente, para sugerir as melhores opções de solução.
- Formas de convencimento: apresentar, de maneira clara e ética, as opções para que o cliente saiba o que está sendo oferecido a ele.
- Alternativas, caso o negócio não ocorra: as partes precisam ter consciência das "alternativas ao desacordo", caso a negociação não se consolide.
- Compromisso: formalizar promessas práticas e realistas de ambas as partes.

Como uma boa negociação depende de um bom planejamento, quanto maior for o tempo investido na preparação da interação e determinação dos limites possíveis para o acordo, menor será o desgaste, pois haverá mais objetividade e pertinência na abordagem. O resultado desse investimento em inteligência, sem dúvida, trará bons retornos para seus esforços!

A seguir recomenda-se uma lista dos "princípios vitais" da negociação em vendas:

- Informação é vital: adote uma postura "ouvinte".
- Prepare-se para correr alguns riscos.
- Use bem o tempo.
- Algumas regras e normas podem ser negociadas.
- Procure saber a todo momento: quem precisa mais?
- Procure alternativas, seja criativo.
- Faça ofertas realistas.
- Lembre-se que o outro não tem o poder naturalmente.
- Analise as suas fontes de poder, pois o poder pode mudar durante o processo.
- Reconhecer o próprio poder é tão importante quanto ter poder.
- Esteja preparado para ceder em algumas situações.
- Só conceda benefícios se houver contrapartidas, como por exemplo reduzir o preço se o cliente aumentar a quantidade comprada.
- Realize concessões inicialmente com itens de menor importância, guardando os mais impactantes para o final.

Concluindo, uma estratégia de negociação em vendas é o comprometimento com uma abordagem que tem ótimas chances de alcançar os objetivos, pois fundamenta-se no entendimento profundo sobre as partes envolvidas. Quanto mais você se preparar previamente, melhores serão os resultados! Além dos dados internos, use o poder da Internet para descobrir a realidade, desafios e potenciais problemas da outra parte, reconhecendo o próprio poder e o poder do outro. Enfoque a relação "ganha-ganha", com vistas ao longo prazo, pois suas receitas precisam evoluir coerente e consistentemente.

3.4 Estudo de Caso: Modelo Natura de Vendas

"A venda da qualidade de vida! Foco no relacionamento."

O propósito desse Caso é evidenciar itens importantes que foram utilizados pela Natura em algum momento da sua gestão, ao longo da sua história empresarial, instigando você a aprimorar suas ações comerciais. Para mais informações, acesse www.natura.com.br.

O modelo porta-a-porta cresceu no Brasil de forma impressionante e alguns elementos da gestão de vendas dessa empresa permitem entender como o trabalho é feito estratégica e taticamente. A força de vendas é composta por milhares de consultoras Natura. Não existe exclusividade de atendimento de clientes ou território. Os profissionais autônomos devem iniciar e ampliar uma carteira própria de clientes através da sua rede de contatos imediata (amiga, irmã, vizinha, colega de trabalho, mãe, noivo , etc.) e essa rede ajuda indicando pessoas de suas redes de contato e assim por diante.

A divulgação se dá em todos os lugares que a consultora frequenta (academia, escolas, salões de beleza, trabalho e casas de familiares), para isso contribuindo uma série de materiais específicos de divulgação. Cada consultora é responsável por montar um cadastro próprio de clientes, destacando dados, características pessoais e históricos de compras, existindo um ciclo médio de atividades de 21 dias. Ao final de cada ciclo, a consultora vai a campo e marca a validade de um "composto promocional Natura", ou seja, condições de preço, distribuição, comunicação e produtos envolvidos. No restante do mês ocorre o Encontro Natura, o lançamento de novos produtos, a descontinuação de produtos, promoções para os consultores, campanhas de incentivos e cursos.

As consultoras são treinadas a planejar o que irão fazer no ciclo, listando atividades diárias como visitas, ligações, transmissão de pedidos e datas dos cursos, entre outras atividades. Cada consultora tem um crédito de pontos para que possa transmitir seus pedidos. Esse valor vai aumentando conforme evolui seu relacionamento com a Natura e são observados a pontualidade no pagamento do boleto bancário (enviado pela Natura ao consultor), o tempo de cadastro e utilização. A Natura oferece 30% de comissão (já inclusos no preço do produto), e o consultor é livre para praticar o desconto que quiser, limitado de 0 a 30%. Dessa forma, a empresa incentiva o consultor a planejar o seu ganho!

Há um trabalho de motivação destacando as vantagens de ser um consultor Natura (horário livre, cursos variados, material de apoio, disponibilidade de produtos , etc.). Existe também um forte trabalho de descrição dos produtos Natura, das necessidades dos consumidores que atendem, dos segmentos para os quais são indicados e dos argumentos de venda que devem ser usados para cada tipo de produto e perfil de consumidor.

Inspirado por esses itens do modelo Natura, o que poderia ser aprimorado na sua gestão comercial?

4. Gestão da Força de Vendas

Previsão de vendas. Recrutamento e seleção de vendedores. Treinamento e remuneração dos vendedores. Avaliação de desempenho.

4.1 O papel do gerente de vendas

O gerente de vendas é o profissional responsável não só pelo desempenho da equipe de vendas e pelos resultados por ela alcançados, como também por informações e previsões para compras de matérias-primas, orientações para desenvolvimento de novos produtos e orçamentos do marketing. Como gestor, deve conduzir a sua equipe para atingir os objetivos estratégicos perseguidos pela empresa.

Precisa constantemente avaliar e qualificar as oportunidades de mercado relativas ao seu público-alvo, estimando o potencial dos resultados para tornar mais fácil a execução dos planos de ação definidos. A profissão de gerente de vendas é um verdadeiro desafio, uma vez que o êxito do seu trabalho exige a participação de outras pessoas com espírito de cooperação e motivação, algo, muitas vezes, difícil de ser conquistado, em especial quando se trata de outras áreas da empresa.

O gestor de vendas deve conhecer as técnicas e estratégias de vendas, negociação, persuasão, objetivos estratégicos da empresa, bases de dados e também o produto ou o serviço que será comercializado, para gerenciar com respeito e liderança. A equipe de vendas gosta de saber que seus gestores conhecem as dificuldades de comercialização, os problemas e as necessidades para se realizar a venda. Para ser respeitado no mundo das vendas, é preciso ter as "cicatrizes da batalha"!

Equipes de vendas são fundamentais tanto em organizações lucrativas quanto em organizações sem fins lucrativos, pois, no final das contas, todos precisam vender algo, ou convencer alguém a comprar ou aceitar algo. As pessoas que trabalham com vendas abrangem uma ampla faixa de cargos, desde o menor até o mais criativo papel:

1. Entregador: vendedor cuja principal tarefa é entregar um produto.
2. Tomador de pedidos: vendedor que atua como um tomador de pedidos interno (dentro da loja, atrás de um balcão) ou externo (visita os clientes e colhe as demandas).
3. Missionário: vendedor do qual não se espera ou mesmo não se permite a tomada de pedidos e que tem, como principal tarefa, construir uma boa imagem ou instruir o usuário atual e potencial.
4. Consultor Técnico: vendedor com alto nível de conhecimento técnico e capaz de ser também um consultor para os clientes, tanto pessoas físicas quanto empresas.
5. Gerador de demanda: vendedor que se baseia em métodos inovadores para instigar a compra de produtos tangíveis (geladeiras, livros) ou intangíveis (seguros, convênios).
6. Vendedor de soluções: vendedor cuja especialidade é resolver um problema mais complexo do cliente, muitas vezes, relacionado a um sistema de produtos ou serviços da empresa.

É inquestionável a necessidade e importância da força de vendas para a empresa dentro do Mix de Marketing, conforme visto da Parte 1 do livro. No entanto, esteja atento aos valores dos investimentos que algumas vendas representam, pois, em várias situações, são necessárias diversas visitas até o fechamento da venda. Esse é um dos motivos que tem levado muitas empresas a investirem em outros canais de vendas como catálogos, correio, telefone e Internet. As empresas procuram também aumentar a produtividade por meio de melhores processos de seleção, treinamento, supervisão, motivação e remuneração.

Independente do tamanho da organização, os profissionais de vendas precisam ser orientados para desempenharem de forma plena o seu trabalho, no curto e longo prazos. Quando uma organização atinge determinado crescimento, deve estabelecer diretrizes para definir e atingir os resultados considerados prioritários. Sim, meu caro leitor, reforçamos a importância do planejamento estratégico, visto na Parte 1, como crucial para a empresa gastar menos e certo, economizando dinheiro, e investir corretamente, trazendo mais receitas com boa lucratividade. O gestor de vendas precisa contribuir ativamente e conhecer profundamente o planejamento estratégico!

Para que o seu trabalho ocorra em harmonia com as diretrizes da empresa, é importante que o gestor de vendas seja um "líder verdadeiro" e não um "chefe", recebendo orientações sobre as suas principais funções, indicadores e metas de desempenho, orçamentos para manutenção e investimentos, áreas de atuação da empresa, interfaces com outros gestores, infraestruturas a disposição, critérios para tomar decisões e que tipos de comportamento devem ser evitados.

4.2 Planejamento da força de vendas

Como dito anteriormente, os vendedores servem de ligação entre a empresa e o cliente, pois é percebido como a própria empresa por muitos clientes, criando impactos e vínculos duradouros. É o vendedor que traz as informações necessárias sobre o cliente e vice-versa. Exatamente por isso você precisa considerar, cuidadosamente, alguns pontos na configuração da sua força de vendas.

Muitos profissionais de vendas preferem manter certa distância quando o assunto é planejamento, por desconhecimento do propósito, alegando se tratar de mera burocracia e que, na prática, as situações são diferentes. No entanto, apenas por meio do planejamento é possível antecipar e proteger a empresa das ameaças futuras, aproveitar as oportunidades e adequar os esforços ao nível necessário para o ótimo desempenho. Além disso, contribui para a redução de custos, pois as operações passam a ser estabelecidas dentro dos padrões de racionalidade e eficiência, para melhor aproveitamento dos recursos disponíveis.

A função de planejar deve ser exercida com base em previsões probabilisticamente relevantes e fatos concretos, devendo o gestor de vendas compilar dados, analisá-los periodicamente e informar-se a respeito da interação entre os vários setores. É o responsável direto pelo planejamento em seu departamento envolvendo, principalmente, as atividades diretamente relacionadas às vendas em interação com marketing. A seguir uma lista dos principais itens que devem ser considerados:

- Prospecção de mercado: buscar obsessivamente clientes potenciais.
- Definição e atuação sobre o público-alvo: dimensionar as ações entre os clientes atuais e os potenciais.
- Comunicação: buscar as informações certas e necessárias sobre os produtos, os serviços, os concorrentes e as percepções sobre a confiança na empresa.
- Processo de vendas: desenvolver as técnicas de abordagem, apresentação, argumentação, respostas às objeções, fechamento da venda e pós-venda.
- Coleta e análise de informações: condução e análise das pesquisas de mercado.
- Serviços: garantia da prestação conforme prometido, no contexto da venda ou não.
- Fidelização: decisões, juntamente com o marketing, sobre os critérios para a segmentação dos clientes, bem como as ações pertinentes a cada segmento.

Você precisa definir os objetivos específicos que a sua força de vendas precisa atingir! Deve aumentar quanto as receitas vindas dos novos clientes, aumentar quanto as receitas vindas dos atuais e dos clientes reativados? Precisam fazer quantas visitas semanais ou mensais? Precisam participar de quais eventos para consolidação da marca? Fazer quantas palestras divulgando a empresa? Escrever quantos artigos para dar visibilidade às ofertas da empresa? Apoiar como as ações de comunicação na Internet? Apoiar como as ações tradicionais de comunicação? Se não forem estabelecidas metas claras, os vendedores podem gastar a maior parte do tempo fazendo as mesmas coisas, vendendo produtos já existentes para contas consolidadas ou negligenciando os novos produtos e os novos clientes. Não corra esse risco!

É preciso considerar também que a conjuntura econômica impacta o desempenho das vendas, pois, durante uma escassez de produtos, os vendedores não têm dificuldades para vender. Durante períodos de grande oferta de produtos, no entanto, precisam lutar para conquistar a preferência do cliente. Adicionalmente, os prazos devem ser considerados para o planejamento de vendas, variando de um a cinco anos, podendo estender-se por até 10 anos dependendo do tipo de negócio. Quanto mais longo o período, maior a dificuldade de se planejar e, consequentemente, a necessidade de mais aprofundamento na análise dos dados coletados, dentro e fora da empresa. Em economias com menor tradição estatística e em desenvolvimento, como a brasileira, a dificuldade de previsão existe até mesmo para prazos menores, obrigando as empresas a encomendarem levantamentos específicos um pouco mais trabalhosos, porém recompensadores pela lucidez proporcionada.

4.3 Definição da estratégia

Outro ponto importante é a estratégia da força de vendas, pois é por meio de uma abordagem comercial adequada que a empresa e sua equipe vai se posicionar de forma clara no mercado. O cliente pode ser abordado de diversas formas, o mercado pode ser dividido também de diversas formas, e você precisa definir qual delas se encaixa melhor em seus objetivos, aprimorando a estrutura da força de vendas à medida que as condições econômicas e de mercado mudam.

Decidida a abordagem, você pode usar uma força de vendas direta, formada por funcionários próprios, ou terceirizada/contratada, formada por representantes comerciais, vendedores autônomos ou corretores. Para essa definição, use como filtro as características do seu mercado, as atuações dos melhores concorrentes, os produtos e os serviços ofertados.

Para alcançar os objetivos estabelecidos, responda às seguintes perguntas:

a) Para quem vender?

b) O que vender?

c) Como vender?

d) Onde vender?

e) Quais diferenciais competitivos da empresa abordar?

f) Quais diferenciais competitivos da solução enfocar (produtos, serviços, pessoas e experiências)?

g) Como remunerar?

h) Qual a complexidade da venda?

Considerando os vários tipos de estratégias comerciais, fique atento:

Estratégias de marketing e de produtos: devem ser informadas de maneira clara e adequada, por meio de sistemas de comunicações digitais e tradicionais que permitam manter as equipes informadas e comprometidas. Os gestores de vendas precisam estar atentos às novidades e às mudanças de estratégias de marketing e de produtos, para preparar as suas equipes.

Estratégias de criação de valor: as ofertas possuem valores agregados que precisam ser ativamente comunicados aos compradores, para serem percebidos. O sucesso dessa estratégia depende da efetividade a comunicação, devendo as equipes de vendas e marketing conhecerem profundamente os valores que devem comunicar e reforçar, em conjunto, perante os clientes.

Estratégias competitivas: os mercados estão cada vez mais competitivos, com muitas alternativas de ofertas e fornecedores, pressão para baixar custos, pouca ou nenhuma diferença significativa entre concorrentes e um nível cada vez mais alto de exigência dos compradores. Por isso, é necessário conhecer os pontos fortes e fracos dos concorrentes, estabelecendo estratégias competitivas para combatê-los.

Estratégias políticas: o relacionamento próximo com os clientes, em especial, se o seu negócio for serviços qualificados como consultoria empresarial ou jurídica, é uma poderosa alavanca competitiva. Nos dias atuais não basta ter ofertas interessantes, é preciso ter clientes influentes usando o seu prestígio e poder, dentro e fora das organizações, sinalizando você como fornecedor.

Para se atingir os resultados esperados, é preciso ter informações atualizadas sobre os clientes, mercados e concorrentes, apoiado fortemente pela Tecnologia da Informação (TI) e plataformas web (Internet). Sem informações disponíveis, pertinentes e atualizadas, que deem suporte à gestão de vendas, o entendimento da situação atual e o delineamento de ações de melhorias ficam muito comprometidos. A TI ganha cada vez mais importância no mundo dos negócios, sendo considerada uma área estratégica para a tomada de decisões, afinal de conta como decidir sem analisar e entender? As informações necessárias sobre o ambiente comercial podem ser divididas em:

Informações de mercado: são as relacionadas ao segmento onde a empresa atua, como tendências do setor, novas e atuais tecnologias, melhores práticas, desempenhos referências, leis, formadores de opinião e concorrentes. Muitas empresas especializam suas forças de vendas de acordo com um setor ou grupo de clientes, com a vantagem de poder conhecer profundamente as necessidades específicas de cada grupo e a desvantagem de, muitas vezes, esses clientes estarem espalhados por todo o país, exigindo muitas viagens. As informações de mercado devem estar sempre disponíveis e atualizadas, para ter-se uma visão completa do ambiente competitivo e as mudanças potenciais.

Informações dos clientes: você precisa conhecer cada vez mais os seus clientes! Não só a localização, mas também as suas particularidades, seu perfil pessoal ou corporativo, os critérios principais de escolha, o processo de tomada de decisão, os hábitos de mídia, o nível de confiança e satisfação com a empresa, enfim, todos os aspectos relacionados à decisão de compra. O conhecimento sobre o cliente é uma importante vantagem competitiva e o desafio para os gestores de vendas é identificar quais informações permitirão esse conhecimento.

Informações sobre os produtos: umas das competências mais básicas e essenciais de vendas é o conhecimento dos serviços e produtos vendidos. Com a velocidade das mudanças, algumas vezes a força de vendas não tem capacidade de assimilar as informações sobre novos produtos ou modificações em produtos comercializados, o que acarreta um impacto negativo muito grande no resultado. A importância de os vendedores conhecerem profundamente os produtos, somada à criação de áreas de desenvolvimento e gerência de produtos, levou muitas empresas a estruturarem suas forças de vendas de acordo com as linhas de produtos. A especialização justifica-se particularmente quando estes são tecnicamente complexos, poucos relacionados entre si ou muito numerosos. O conhecimento profundo da oferta de uma família de produtos, para enriquecer e tornar a comunicação de vendas eficaz, é algo decisivo no ambiente competitivo de vendas. Use as tecnologias que permitam acesso fácil às informações, pois soluções nesse quesito são muito mais uma questão de criatividade do que altos orçamentos.

Informações sobre concorrentes: é necessário reunir e analisar informações sobre a atuação de empresas que ofereçam algo similar ou igual ao que você oferece. São dados como estrutura, organização, detalhes sobre produtos ou serviços ofertados, resultados financeiros, participação de mercado , etc. As informações devem ser disponibilizadas para a força de vendas, que ajudará a implementar estratégias para superar os competidores.

No dinâmico mundo atual interligado pela Internet, o grande desafio para os gestores de vendas é identificar as informações adequadas e relevantes, bem como os processos que devem ser utilizados para disponibilizá-las. Você precisa revisar sua estrutura de vendas à medida que as condições econômicas e de mercado mudam, dominando as dimensões e particularidades da gestão de vendas para aproveitar totalmente suas potencialidades, fator decisivo para dobrar as suas receitas!

4.4 Desenvolvimento da força de vendas

Depois de planejar suas estratégias, tarefa importante é desenvolver a gerência da sua força de vendas, por meio de decisões, orientações, atitudes e posturas tomadas no dia a dia do profissional que lidera a equipe comercial. Considere o que ele realmente faz, sua entrega de resultados, capacidade de comunicação, entendimento dos objetivos estratégicos e diretrizes à equipe. Tenha em mente que a seleção dos participantes da equipe é fundamental para a formação de um time coeso e focado em buscar os objetivos estabelecidos, em que o entrosamento e a união fazem a diferença.

O gerente comercial, além de apoiar e cobrar resultados, precisa perceber os pontos favoráveis e desfavoráveis da equipe, identificar suas causas e implementar ou aperfeiçoar os itens verificados nessa avaliação. Nesse sentido, ser transparente e manter a elegância corporativa são atributos imprescindíveis para ser respeitado como líder, favorecendo o amadurecimento profissional próprio e de todos os membros do time. Caso conte com uma área estruturada de marketing, poderá ficar mais focado nas atividades finais de vendas, caso contrário precisará cuidar ainda de todas as ações relacionadas ao marketing, apresentadas na Parte 1. Como se pode perceber, o trabalho do executivo de vendas é muito complexo, dada a diversidade das atividades que o envolvem, destacando-se a habilidade para negociações, prospecção e apoio em novos contratos, defesa da marca e reputação, interação constante com o marketing, desenvolvimento de mais vendas para os clientes atuais, monitoramento dos concorrentes, influência dos formadores de opinião, fortalecimento do networking tradicional e digital, estímulos para indicações da empresa, dos produtos e serviços.

Estrutura da força de vendas

A estrutura da força de vendas está ligada ao tipo de força de vendas adotada. Apesar do grande salto das vendas por meio eletrônicos e Internet, as organizações precisam se preocupar em atender duas condições básicas:

- **Força de vendas direta**: a empresa utiliza, com exclusividade, os vendedores próprios, que deverão visitar diretamente os clientes da empresa.
- **Força de vendas indireta**: a empresa utiliza os seus representantes, distribuidores ou vendedores autônomos, sem vínculos trabalhistas com a empresa.

O dilema sobre qual estrutura adotar é afetado por vários fatores, não havendo certo ou errado, avalie o que for melhor para o seu negócio! Seguem as vantagens de se adotar representantes de vendas:

a) Uma equipe própria de vendas representará sempre um custo fixo com encargos sociais também fixos, sendo assim empresas de pequeno e médio portes tendem a ter vantagens de custo operacional quando trabalham com representantes.

b) É mais fácil controlar e conduzir o relacionamento dos representantes com os clientes, de modo que se sintam da empresa e não dos representantes.

c) Representantes são pagos, geralmente, com um percentual de comissão sobre a venda. Não havendo venda, não há dispêndio para a empresa.

d) Os produtos de venda sazonal provocam custos fixos permanentes quando há uma equipe própria de vendas. O custo será sazonal se a empresa trabalhar com representantes.

Por outro lado, as vantagens da equipe própria de vendas são:

a) A empresa, seus produtos ou serviços podem não ser interessantes aos representantes, em algum momento, o que não ocorre com a equipe própria.

b) Quando há vendas para grandes clientes, o custo da equipe própria de vendas tende a ser menor, pois pode-se pagar menores salários fixos e comissões, combinados previamente.

c) Os vendedores próprios são mais facilmente controlados, treinados e motivados.

d) Em algumas áreas ou mercados é difícil encontrar representantes, ou mesmo manter a sua regularidade.

Analisando as vantagens e as desvantagens de cada uma das opções, escolha a estrutura adequada para a sua força de vendas: equipe própria, representantes ou equipe mista (representantes em algumas áreas e vendedores próprios em outras).

Desenvolva estrategicamente sua força de vendas, de modo que possa visitar os clientes certos, no momento certo e da maneira certa. Os vendedores trabalham com clientes de diversas maneiras:

- Vendedor para comprador: um vendedor entra em contato pessoalmente, por telefone ou meio digital, com um cliente atual ou potencial.
- Vendedor para grupo de compradores: um vendedor procura conhecer o maior número possível de membros do grupo de compradores, para desenvolver a confiança, identificar oportunidades de vendas e instigar indicações para outros clientes potenciais.
- Equipe de vendas para grupo de compradores: uma equipe de vendas da empresa trabalha em contato direto com membros de um grupo de compradores, igualmente para desenvolver a confiança, identificar oportunidades de vendas e instigar indicações.
- Reunião de vendas: o vendedor organiza uma reunião entre os profissionais da empresa e clientes potenciais, para discutir problemas e/ou oportunidades importantes.

• Seminário de vendas: uma equipe da empresa realiza um seminário para a empresa cliente, apresentando as últimas novidades do setor e identificando oportunidades.

Os profissionais de vendas, atualmente, atuam como "gerentes de contas", influenciando e fechando negócios com pessoas das diferentes organizações com as quais negociam. Cada vez mais vender significa trabalho em equipe e requer o apoio de outros funcionários: altos executivos, quando estão em jogo vendas de abrangência nacional ou de grande importância; pessoal técnico, para informações qualificadas e prestação de serviços aos clientes e aos *prospects*; pessoal de serviço específico, para instalação, manutenção, testes e outras demandas; e equipe de escritório, para apoio administrativo e atividades de rotina.

Para manter o foco nos resultados, os profissionais devem saber analisar os dados de vendas, medir o potencial e a participação de mercado, coletar informações, desenvolver estratégias e planos de prospecção, dominar as ferramentas de gestão e tecnologias da informação em vendas. Precisam ter habilidades para análise do comportamento humano e das melhores práticas empresariais, defendendo-as nos níveis mais altos da gerência. A experiência profissional comprova que as forças de vendas se tornam mais efetivas, no longo prazo, se entenderem e aplicarem tanto as técnicas de marketing quanto as de vendas!

4.5 Estudo de Caso: Multilógica e o Sistema de Automação de Vendas para a Iporanga

O propósito desse caso, como nos anteriores, é destacar itens importantes utilizados pelas empresas em algum momento da sua gestão, ao longo da sua história, instigando você a aprimorar suas ações comerciais e resultados da sua empresa, para rapidamente dobrar as suas receitas.

A empresa Multilógica, especializada no desenvolvimento de softwares de gestão, desenvolveu de forma customizada um interessante software para atendimento e gestão de clientes a ser implementado pelo *calI center* da rede de drogarias Iporanga, com sede em Santos, litoral de São Paulo, que contava com cerca de 65 lojas.

O sistema, ao receber uma chamada por telefone, identifica o cliente e seu histórico de relacionamento (informações que foram armazenadas em todos os atendimentos), histórico de compras e classificação do status (o quanto é "importante para a rede") e também a classificação sobre as condições psicológicas do cliente, se é um atendimento normal ou está em um momento psicológico ruim, se tem alguma reclamação, se aquela é uma segunda ou terceira ligação ao *call center*, registrada anteriormente por outro vendedor.

Outras características interessantes do software são a capacidade de resgatar o nome do produto que o cliente possa ter esquecido, já que o sistema disponibiliza todos os produtos por meio de fotos para o vendedor. Ele também indica uma opção mais barato ao cliente, quando equivalente, desde que o produto traga uma rentabilidade maior para a Iporanga, dando essa opção ao cliente e à empresa. O *call center* atua prioritariamente recebendo ligações, no entanto, quando a atendente não está recebendo ligações, é gerada uma lista de tarefas com clientes e ofertas a serem feitas baseadas nas compras passadas, considerando os produtos e a frequência de compra. Abordagens do tipo: "Estamos falando da Drogaria Iporanga, a senhora sempre compra este produto para lentes de contato uma vez a cada dois meses, estamos com uma promoção especial.". O interessante é que este sistema tem preservado o atendimento personalizado aos clientes das drogarias, mas permite uma grande eficiência (baixos custos e agilidade) e eficácia (satisfação do cliente e maiores resultados) no atendimento.

Pensando na tendência de envelhecimento da população e mesmo no aumento da violência e concentração dos centros urbanos, esse sistema passa a ser muito valioso, pois torna desnecessária a ida à farmácia, tornando-se tão viável que a rede de drogarias repensa se a estrutura de lojas físicas seria mesmo necessária. Algumas extensões de serviços que esta poderosa ferramenta tem gerado à rede de drogarias são parcerias com outras empresas interessadas na forma de abordar os clientes, preservando seu interesse em receber as ligações do *call center*, e a disponibilização das informações consolidadas a respeito do comportamento de compra de consumidores de medicamentos, muito útil para a tomada de decisão em marketing das indústrias farmacêuticas e outros distribuidores.

Inspirado por esse caso, o que poderia ser aprimorado na sua gestão comercial, relacionado à tecnologia de abordagem e atendimento?

4.6 Treinamento de vendedores

Treinamento e motivação são etapas posteriores ao recrutamento e seleção, para preparar e motivar a equipe. Treinamentos em vendas são feitos com relação às características dos produtos e serviços, dos clientes, da própria empresa, do mercado, concorrentes, técnicas de vendas e persuasão. Lembre-se que seus resultados sempre serão proporcionais à qualidade das suas equipes, a começar pela equipe de vendas!

Geralmente, os treinamentos contemplam reflexões e orientações práticas sobre o nível de complexidade exigido no processo de vendas, relacionado aos produtos (tipos de produtos e aspectos específicos das marcas), clientes (número de grandes clientes, segmentos e características peculiares), serviços (principais e complementares) e empresa (características, valores, missão, visão e diferenciais). Trabalhe também as iniciativas que não deram certo, para que os mesmos erros não sejam cometidos novamente, pois as pessoas aprendem quando orientadas sobre o que fazer e também sobre o que não fazer.

Quanto maior for a especificidade dos seus produtos e serviços, maior será a necessidade de treinamento sobre eles, tradicionais e digitais. Da mesma forma, quanto maior a especificidade com relação à empresa e consumidores, maior será a necessidade de períodos mais longos e mais intensos de treinamento e aprendizado pelos vendedores. Fuja dos "especialistas teóricos", contrate apenas profissionais com larga experiência de mercado e "cicatrizes de batalhas", para que seus resultados sejam mais pragmáticos e a equipe o admire.

Deverão existir treinamento para novos e atuais vendedores, em que o primeiro deve trazer mais informações sobre as características da empresa, produtos, serviços e concorrentes, e o segundo enfocar atualizações e tendências. O objetivo é sempre potencializar questões de motivação, habilidades, atitudes e competências para vender mais e vender sempre! Importante reforçar que no recrutamento e seleção você precisa escolher as pessoas com as características para esse bom desempenho, devendo a política de treinamentos influenciar as aptidões aperfeiçoáveis. Contrate atitude, ética e proatividade! Reforce complementarmente as características técnicas.

A eficácia de um treinamento pode ocorrer em diferentes níveis, sendo recomendado avaliar os resultados conforme o modelo abaixo:

Nível de avaliação: Qual a questão?	Informação: Que infomação buscar?	Método: Como coletar?
Reação Os participantes gostaram do programa?	Opinião	Avaliação, questionários, comentários, entrevistas com participantes
Apredizagem Os participantes aprenderam conceitos ou habilidades?	Entendimento de conceitos	Testes feitos antes e depois do treinamento
Comportamento Os participantes mudaram seu comportamento no trabalho?	Comportamento no trabalho	Índices comportamentais, antes e depois, séries temporais.
Resultados Quais os resultados pessoais ou orgazicionais que ocorreram	Mudanças em vendas, produtividade, ou outro índice de desempenho	Métodos de custos e benefícios, procurando o índice de retorno.

Tabela 5: Adaptação do autor.

Caso seja feito um programa para que a equipe apenas goste e se sinta energizada, como uma palestra motivacional de final de ano, a simples opinião dos participantes medida através de questionários é suficiente. No entanto, caso o aprendizado de técnicas específicas seja o objetivo do programa, essas habilidades precisam ser avaliadas antes e depois do treinamento, continuamente para uma evolução permanente.

4.7 Motivação

Motivação em vendas é definida como o montante de esforço que um vendedor está disposto a investir em atividades como visitar clientes, fazer relatórios, estudar, relacionar-se com outras áreas, desenvolver *networking*, entender o negócio, prestar serviços pós-vendas e assim por diante.

Dois pontos são fundamentais a partir desse conceito, o primeiro é identificar o que os vendedores valorizam em termos de recompensas, o segundo é relacionar essas recompensas com metas claras de desempenho, atividades necessárias e recomendadas para atingi-lo. Para que o vendedor esteja motivado na direção que a empresa espera, você precisa remunerá-lo corretamente considerando metas finalísticas e indutoras. As finalísticas referem-se às receitas geradas em novos clientes, clientes atuais (fidelização inclusive) e por meio da reativação de clientes inativos. As indutoras são o caminho para se atingir as metas finalísticas: quantidade de visitas, alianças e parcerias realizadas, artigos escritos e publicados, entrevistas concedidas, formadores de opinião abordados (consultores, professores, jornalistas, políticos, juízes , etc.), quantidade de participações em licitações, eventos, almoços de negócios, seminários, palestras e outros.

Como dito anteriormente, *"diga-me o que medes e te direi para onde vais, diga-me quais são as tuas metas e te direi com qual velocidade vais, e diga-me o quanto capacitas a tua força de vendas e te direi com que consistência vais".*

Recrutamento

Da mesma maneira que a área de compras mantém um arsenal de possíveis fornecedores, para quando surgir algum problema possa rapidamente manter a linha de produção funcionando, o responsável pelo recrutamento deveria igualmente manter um banco de dados com possíveis candidatos aos cargos que a área comercial necessita, atualizado e constantemente alimentado.

O recrutamento consiste em utilizar um conjunto de técnicas, procedimentos de pesquisa, entrevistas e intervenções sobre as diferentes fontes capazes de fornecer à empresa um número adequado de pessoas necessárias às posições em aberto.

Para realizar um recrutamento, é necessário que haja uma solicitação formal, abrindo-se uma vaga para a função desejada: vendedor, auxiliar de vendas, operador de canais web (Internet), gerente, diretor , etc. É muito importante que sejam estabelecidos os objetivos da contratação, como cargo, urgência, características básicas do profissional, perfil, tarefas e responsabilidades, entrega de resultados e local de trabalho. Em seguida, faz-se o planejamento do processo de recrutamento, verificando as fontes internas ou externas, as técnicas a serem utilizadas e os métodos de triagem mais apropriados.

A utilização de fontes internas representa o uso de recursos humanos disponíveis dentro da própria organização. Priorize a sua "prata da casa" e depois busque fora da empresa! Por meio de processos de transferências, promoções internas e utilizando-se de programas de treinamento e desenvolvimento de pessoas, pode-se identificar internamente vários profissionais que teriam interesse em preencher a vaga em questão. Tal procedimento deve constar da política de recursos humanos da empresa e da elaboração do plano de carreira.

Se os gestores estiverem atentos ao processo de avaliação do desempenho dos funcionários, é possível identificar potenciais profissionais para as diferentes áreas da empresa. Atenção, pois há algumas desvantagens no processo de recrutamento interno, como o conflito de interesses entre funcionários e o desestímulo daqueles que, apesar de terem se candidatado à vaga, não foram aceitos. Outro fator importante é que, se o processo de recrutamento for sempre interno, sua empresa corre o risco de ficar estagnada pela falta de renovação do capital humano.

Em contrapartida, o processo interno de contratação da força de vendas, além de ser mais rápido, reduz o custo de recrutamento e treinamento de integração, estimulando a motivação, perspectiva de crescimento e fidelidade à empresa. Quando a empresa opta por utilizar fontes externas, geralmente, busca profissionais de fora para dar um "choque de resultados ", pois chegam ávidos para mostrar serviço, estão em geral menos acomodados, com ideias frescas e sem os "vícios e verdades internas".

As organizações utilizam também o chamado recrutamento misto, ou seja, o interno seguido do externo ou vice-versa, ou mesmo os dois modelos simultaneamente. Ter uma série de currículos à mão ou um número grande de candidatos com cadastros preenchidos não significa que o trabalho de recrutamento tenha sido concluído. A próxima etapa é fazer uma triagem que possibilite a realização de uma pré-análise para garantir que, durante o processo de seleção, estejam somente os candidatos que realmente preencham os pré-requisitos da vaga.

É evidente que a frequência e o nível dessas contratações são determinados por aspectos como a rotatividade e especificidade do negócio. Algumas empresas têm rotatividade de funcionários maior que outras e necessitam manter, portanto, fontes constantes com nomes de candidatos. Em outros casos, os produtos são tão específicos que necessitam de pessoas especializadas, sendo o recrutamento realizado com menor frequência. Empresas com poucos recursos podem buscar formas mais econômicas como indicações de funcionários e parceiros, sites gratuitos, Linkedin , etc.

Os processos de seleção, normalmente, são muito mais onerosos do que a busca de candidato, de modo que enviar para a seleção candidatos que não são apropriados significa aumentar ainda mais os custos do processo. Fique atento! Além disso, a especificação do tipo de treinamento dos candidatos auxilia na determinação das fontes de contratação. Se o seu programa de treinamento for adequado, você pode contratar profissionais sem experiência, mas com certo potencial, em escolas técnicas ou universidades. Em contrapartida, se não houver um bom programa de treinamento, seu recrutamento precisa ser feito com profissionais experientes, que atuem em estabelecimentos de clientes ou concorrentes, agências de empregos ou consultores.

Seleção

O processo de seleção tem como objetivo principal escolher e classificar, entre os candidatos oriundos do processo de recrutamento e aprovados na triagem, os mais adequados às necessidades da sua organização.

A seleção de vendedores não é um problema difícil se houver um perfil das características do vendedor ideal, por isso você precisa se esforçar para determinar esse padrão ideal para a sua empresa. Faça uma lista completa! Se esses profissionais forem expansivos e cheios de energia, não será difícil verificar essas características nos candidatos, mas uma análise dos vendedores de maior sucesso também pode revelar que alguns são mais introvertidos, de maneira suave e com energia normal. O tipo "bem-sucedido" também pode incluir profissionais altos e baixos, com boa ou má postura, mais ou menos elegantes e vaidosos.

Para o saudável processo da seleção de um vendedor, assistente de vendas, supervisor ou qualquer outro profissional, é necessária uma comparação entre as especificações do cargo no que se refere a habilidades, conhecimentos, características físicas e psíquicas, obtidas pelo formulário de descrição do cargo, e as características do candidato. Assim como no recrutamento, é importante que o gestor participe pois, além da questão do custo de seleção, é necessário que pessoalmente se identifique com o profissional que irá compor a sua equipe.

Enquanto nas grandes empresas geralmente existe um departamento específico encarregado de fazer a seleção de pessoal, nas pequenas e médias o processo de seleção raramente envolve métodos sofisticados, predominando a entrevista pessoal e a análise de currículo. Para poupar seu tempo e aumentar as chances de sucesso, afinal você precisa dobrar as suas receitas, priorize indicações de pessoas da sua confiança e contrate empresas menores especializadas em recrutamento e seleção, pois há opções para todos os bolsos. Geralmente cobram um valor equivalente ao salário do funcionário a ser contratado, e os anúncios são pagos à parte, evitando-se erros e consequentes custos adicionais vindos de contratações realizadas de forma amadora.

De maneira geral, o processo de seleção em empresas de maior porte envolve as seguintes etapas:

a) Análise dos documentos (currículo, referências , etc).
b) Testes e entrevistas preliminares.
c) Análise e exame das referências do candidato.
d) Testes psicológicos.
e) Entrevista final.
f) Exame médico.

Cada uma das etapas é considerada eliminatória, porém a aprovação dos candidatos remanescentes é feita a partir do desempenho conjunto obtido nessas etapas. Não há rigidez na sequência dos procedimentos adotados para a seleção, mas, normalmente, a primeira fase envolve a análise dos documentos e do currículo do candidato para permitir, de modo prático, uma verificação se estão de acordo com as características exigidas.

Ainda que a empresa não disponha de fichas de inscrição, sempre será realizada pelo menos uma entrevista para a decisão de aceitar ou não o candidato, sendo a técnica mais utilizada. Embora a maioria das empresas realize apenas uma, existem as que costumam realizar duas ou mais entrevistas, para aprofundar ou mesmo confirmar as impressões registradas.

Nesse caso, a primeira é denominada entrevista preliminar e tem como objetivo:

- Verificar com o candidato quaisquer incorreções ou falhas de informação no preenchimento da ficha de inscrição.
- Dar oportunidade para uma primeira avaliação do candidato com relação à sua apresentação, maneira de falar, modo de se vestir, trejeitos, adereços utilizados e outros traços pessoais que não podem ser obtidos por meio de formulário.

A entrevista inicial pode ser acompanhada de testes, divididos em quatro momentos de investigação: profissional, educacional, pessoal e expectativas, devendo seguir os passos considerados importantes para que se obtenha o resultado esperado. Precisa ser preparada com antecedência, o ambiente escolhido com cuidado e, ao final da entrevista, explicar ao candidato os próximos passos, mesmo que isso seja simplesmente dizer que a empresa entrará em contato ou qual será a próxima etapa.

Um dos principais cuidados no desenvolvimento é deixar o entrevistado à vontade, pois uma boa entrevista depende de um ambiente cordial e confortável, favorecendo a naturalidade para obter e dar as informações necessárias. Além disso, o entrevistador precisa apresentar-se, informar o objetivo do processo seletivo, fornecer detalhes sobre a empresa e o trabalho a ser executado.

Outro ponto importante é observar o candidato atentamente e não executar outras atividades durante a entrevista. Essa atitude, além de auxiliar o entrevistador na coleta de dados, demonstra real interesse pelo candidato. Sobre a experiência profissional, é fundamental discutir-se questões referentes às 3 empresas mais recentes em que trabalhou, enfatizando as realizações e experiências. Os aspectos educacionais também são de grande importância, e todas as formações.

As análises das referências devem ser feitas antes da contratação do candidato. Evidentemente, as referências por ele apresentadas serão aquelas que darão boas informações a seu respeito, mas você pode fazer consultas a diversas fontes, inclusive nas redes sociais gerais e profissionais como Facebook e Linkedin! Depois de selecionar os candidatos mais bem qualificados para o trabalho de vendas, eles são encaminhados para o exame médico, afinal boa saúde é fundamental para o sucesso em vendas.

Finalmente ocorre a contratação e os selecionados estão prontos para o treinamento, onde precisam conhecer toda a empresa, suas áreas, objetivos estratégicos, diferenciais, principais gestores e história. Nessa etapa você precisa fazê-los sentir a cultura, o "jeito e a energia" da empresa. O contrato pode ser feito de forma definitiva ou temporária, sendo 90 dias o prazo máximo da admissão temporária, podendo ser dividida em períodos desde que a soma não ultrapasse esse prazo. Pressione-os e teste-os ao máximo nesses 90 dias, para não restar dúvidas sobre o acerto da contratação!

Remuneração da Equipe de Vendas

Para atrair vendedores de alto desempenho, você precisa criar um pacote de remuneração atraente e meritocrático, combinando reconhecimentos financeiros e não financeiros. Preste muita atenção a esse item pois, de uma forma ou de outra, o plano de remuneração acaba afetando a imagem da sua empresa! Vendedores satisfeitos e adequadamente remunerados, sentindo-se valorizados, trabalham com motivação e criam uma boa imagem da organização, vendedores insatisfeitos ficam desmotivados e acabam se tornando prejudiciais para os seus negócios. Determine seu plano de remuneração baseado nos seguintes aspectos: o valor pago deve estar alinhado com o praticado pelo mercado, precisa incluir benefícios fixos, variáveis e levar em consideração reconhecimentos que vão além do dinheiro.

A recompensa financeira pode ser composta por salário, prêmios, comissão de vendas e participação nos resultados. Podem-se incluir de forma indireta as férias, gratificações, veículos, horas-extras e benefícios como plano de saúde, vale-refeição e outros. A recompensa não financeira envolve questões motivacionais como foto do "vendedor destaque do mês", placa de reconhecimento pela superação das metas e assinada pelo presidente da empresa, mentoria com executivos seniores e outros.

Fique atendo a esses 10 requisitos, para montar um plano atraente de remuneração:

1. Considere fatores externos e internos à empresa: realidade do mercado, orçamento, alto crescimento, recessão , etc.
2. Seja justo, considerando diferenças territoriais e potenciais.
3. Proporcione condições claras e específicas para se aumentar o nível salarial.
4. Proporcione condições para atrair profissionais competentes, pela remuneração e capacidade de crescer na empresa.
5. Crie condições para controlar as atividades de vendas: sistemas de TI, bases de dados, relatórios de visitas e deslocamentos.
6. Mantenha a coerência com os objetivos estratégicos da empresa.
7. Conheça seu ambiente competitivo e tenha flexibilidade para mudanças.
8. Busque a simplicidade, clareza e facilidade de entendimento.
9. Valorize o vendedor individualmente e também todo a equipe.
10. Persiga a melhoria contínua dos seus resultados!

Para aprimorar as referências nesse sentido, levando em conta os diferentes cargos a serem pesquisados, utilize as pesquisas salariais publicadas por diferentes veículos de comunicação, tabelas do sindicato do seu setor e representantes empresariais (indústria, serviços e comércio), publicações de empresas especializadas como a Catho e contato com gestores de outras empresas do seu segmento. Use o seu plano de remuneração como um instrumento de gestão, para estimular que a força de vendas funcione como um componente de alto desempenho!

Tipos de Remuneração

Existem três formas tradicionais de remuneração direta da força de vendas:

- Salário fixo.
- Comissão.
- Plano misto.

O plano de remuneração com base no salário fixo determina quanto o vendedor irá receber, independente de quantas vendas efetuar. Com esse tipo de remuneração, não haverá surpresas na hora do pagamento, mas o vendedor tenderá a ficar mais acomodado. Ademais, há o risco de uma retração de mercado e você ter que arcar com um "valor alto" de vendas.

Da mesma forma, o fato de receber um salário fixo faz com que o vendedor aceite, com mais facilidade, a orientação para um melhor desenvolvimento do mercado. É mais apropriado quando se exigem dos vendedores a prestação de serviços a revendedores, treinamentos a clientes, apoio consultivo e aprendizado intensivo num setor específico – recém contratados.

O sistema de comissão é utilizado para estabelecer uma proporção entre o resultado gerado e a remuneração recebida pelo vendedor. Vendeu, recebe, não vendeu, não recebe, vendeu muito, recebe muito, vendeu pouco, recebe pouco! Há diversas vantagens como a possibilidade de ganhos maiores, adequação do pagamento ao caixa e vendas geradas, atuação mais focada diretamente nas vendas, maior controle e aproveitamento do tempo, estímulo a maiores resultados, estímulo à ambição positiva e maior agressividade de mercado. A desvantagem é que fica mais difícil obter apoio para a execução de outras tarefas que não estejam ligadas a vendas, como preenchimento de relatórios e outras análises.

Após o conhecimento desses dois processos de remuneração dos vendedores, recomendo fortemente considerar um sistema híbrido, em que o salário se compõe de uma parte fixa e uma parcela variável de acordo com o resultado. Empresas mais agressivas nos resultados comerciais, como telecomunicações, bancos, de tecnologia e consultorias geralmente pagam um salário fixo igual ou um pouco menor (10% a 20%) que a média do mercado e uma comissão um pouco maior (5% a 10%) que a média paga pelo mercado. Por exemplo, você pode pagar R$ 4.000,00 de salário fixo e o mercado R$ 5.000,00; mas a sua comissão pela venda realizada é de 4,5% e a do mercado 4%. Esse modelo estimula o vendedor a se empenhar mais pelos resultados e evita a acomodação característica dos altos salários fixos, que são pagos independentemente do resultado gerado.

Ao estabelecer a suas metas de vendas, faça pelo menos a meta básica e a super meta. Caso o vendedor supere a meta, a comissão pode aumentar em mais 10% sobre o valor que exceder a meta, funcionando como um prêmio pela meta superada! Ao atingir a super meta, geralmente 110% da meta básica, a comissão aumentaria mais (10% a 20%) sobre o valor que excedeu a super meta. Por exemplo, se a meta básica de vendas estipulada foi R$ 100 mil e a super meta R$ 110 mil, o vendedor recebe 3% do valor da venda até R$ 100 mil, 4% do valor que ficar entre R$ 100 mil e R$ 110 mil e mais 5% do valor que exceder R$ 110 mil. Caso venda por exemplo R$ 110 mil, o vendedor recebe 3% sobre R$ 100 mil (R$ 3 mil) e mais 4% sobre o intervalo entre R$ 100 mil e R$ 110 mil, neste caso 4% sobre R$ 10 mil – mais R$ 400,00. Caso venda R$ 119 mil, o vendedor recebe 3% sobre R$ 100 mil (R$ 3 mil), mais 4% sobre o intervalo entre R$ 100 mil e R$ 110 mil (R$ 400,00) e mais 5% sobre o valor acima de R$ 110 mil (R$ 450,00). Esse escalonamento é para premiar o resultado superior e estimular seus vendedores!

Outra opção é considerar uma comissão única mas premiar adicionalmente com 1 ou 2 salários fixos caso a meta básica seja superada, e com 3 ou 4 salários fixos caso o vendedor supere a super meta. Procure fazer esse levantamento anualmente ou por semestre, para preservação do caixa da empresa e consideração de um período maior onde os profissionais possam compensar uma eventual perda de desempenho. Por exemplo, você pode pagar um salário fixo de R$ 3 mil e uma comissão fixa de 5% pelas vendas e, no fim do ano, avaliar o desempenho total, pagando mais 1 ou 2 salários fixos (R$ 3 mil a R$ 6 mil) se o vendedor atingiu a meta básica e 3 ou 4 salários fixos (R$ 9 mil a R$ 12 mil) caso tenha superado a super meta. Avalie a sua capacidade financeira antes de pactuar esses valores!

Para estimular a venda em clientes novos, e assim aumentar o ritmo de crescimento das receitas, aplique uma comissão maior para as vendas a clientes novos e menor para as vendas a clientes atuais, como 5% e 3% respectivamente. Muito importante limitar-se o tempo de pagamento das comissões e pagar somente quando de fato a empresa receber (regime de caixa), para proteger a saúde financeira e evitar a acomodação da equipe comercial por remunerações "crescentes e eternas": pague 100% do valor total das comissões por no máximo 12 meses, reduzindo pela metade (50%) nos próximos 12 meses e encerrando (0%) após 24 meses. Pense também num limite máximo para a remuneração individual total, pois muito dinheiro em pouco tempo pode deformar e arrefecer a ambição e motivação do profissional. Defendo ainda que a base de cálculo para a incidência da comissão seja a venda líquida (valor da venda – impostos incidentes) e não a venda bruta, pois, assim, a equipe entende que a empresa considera o montante de dinheiro que de fato entrou no negócio, após o envio do dinheiro dos governos municipal, estadual e federal. Receita real é a receita líquida e não a receita bruta! Conscientize-se e repita todos os dias a fórmula do sucesso empresarial = foco (estratégia) + caixa (dinheiro) + pessoas (decisões e resultados) + disciplina (boa execução).

Atenção também para o chamado "gatilho da comissão". O vendedor precisa, antes de tudo, fazer um mínimo de vendas que gere uma quantidade de dinheiro no caixa (receitas – impostos – custos operacionais – despesas gerais) suficiente para pagar o salário fixo total, com os encargos, do próprio vendedor. Uma das formas de se fazer isso é aplicar um multiplicador ao salário fixo total (5 a 7: quanto mais eficiente for a empresa, menor o indicador) e a partir do valor obtido, paga-se a comissão. A venda que o vendedor gerou até esse valor foi para pagar o salário fixo total que recebe, devendo receber a comissão somente a partir desse limite pois de fato a partir dele o vendedor incrementou receita ao caixa da empresa! Por exemplo, se o salário fixo for R$ 4 mil, o limite a partir do qual se paga a comissão é R$ 4 mil x 1,8 (encargos totais) x 5 (empresa mais eficiente) = R$ 36 mil. O valor da venda até R$ 36 mil foi insuficiente para pagar o salário fixo total do vendedor, recebendo apenas o salário fixo sem o adicional da comissão. Para o valor que exceder os R$ 36 mil, aí sim há a incidência dos percentuais da comissão e remuneração incremental ao vendedor.

Abaixo estão as principais perguntas direcionadoras, para apoia-lo:

- Qual é a receita que se precisa fazer em relação aos clientes atuais, para mantê-los?
- Como pode-se desenvolver mais receitas, a partir da identificação de novas oportunidades nos atuais clientes?
- Qual é a receita que se precisa fazer em relação aos novos clientes?
- Quanto dessa receita virá dos clientes da concorrência?
- Qual é a receita que se precisa fazer em relação aos clientes inativos, reativando-os?

A partir destas três metas (fidelização e desenvolvimento dos clientes atuais, conquista de clientes novos e recuperação dos inativos), você já pode traçar as premissas da remuneração fixa e variável para premiar as equipes que as alcançarem.

Avaliação do Desempenho

Um dos principais desafios do gestor de vendas é manter um sistema de avaliação permanente dos integrantes da sua equipe. Manter atualizados os dados pessoais e técnicos sobre todos, avaliar o desempenho e conhecer os pontos a corrigir são tarefas que devem ser motivo de atenção permanente de quem quer construir um time de alta performance.

A dinâmica e as mudanças nas práticas de vendas vão tornando obsoletos certos conceitos e crenças sobre a forma de obter desempenho superior na área de vendas. O mesmo vendedor ou representante contratado tempos atrás, e que muito contribuiu para o sucesso da empresa, atualmente pode estar gravemente contaminado pela rotina, acomodação ou falta de conhecimento. Lembre-se: esforço, carisma e boa intenção não é resultado! Resultado é resultado, é venda realizada!

Faça disciplinadamente a "reunião semanal de desempenho e aprendizado" com toda a equipe, avaliando a performance em todos os indicadores e metas estabelecidas. Siga a estrutura abaixo:

ETAPA 1: Manter o que funcionou bem – 20 a 30 minutos:
O que fizemos na semana com resultados positivos?
Como atingimos esses resultados?
Quais foram os principais aprendizados? Padronizar.
ETAPA 2: Corrigir o que não funcionou – 45 a 60 minutos:
O que fizemos com resultados negativos?
Quais as CAUSAS do mal desempenho?
Que AÇÕES executaremos para atuar nas CAUSAS, para retomarmos o bom desempenho?

Segue uma lista recomendada dos principais indicadores de desempenho em vendas e marketing, utilizados pelas melhores empresas. Use os mais adequados para o seu negócio, estipule as metas e persiga a superação constante, afinal de contas liderar é bater metas consistentemente, de acordo com a estratégia e valores estabelecidos pela organização, por meio de uma equipe capacitada e motivada!

Indicadores de desempenho em vendas e marketing:

- Aumento da receita total, em valor (R$)
- Aumento da receita total, em percentual (%)
- Receita vinda de novos clientes/contratos (R$)
- Receita vinda dos clientes atuais (R$)
- Receita recuperada (R$), vinda da reativação de clientes inativos e recuperação de clientes perdidos
- Quantidade de novos clientes (por mercado, por produto ou serviço)
- Percentual da receita vindas de novos produtos (lançados até 6 ou 12 meses)
- Índice de satisfação (% de clientes que deram notas acima de 7 ou 8, numa escala de 0 a 10)
- Índice de retenção = retenção efetiva de clientes/total de clientes que manifestaram desejo de sair
- Índice de "*churn*" = perda de clientes/total de clientes
- Quantidade de visitas a *prospects* (semanal e mensal)
- Quantidade de visitas (relacionamento) aos clientes "diamante" e "ouro" (mensal e trimestral)

- Participação % no volume de compras totais dos clientes (relacionado ao seu negócio)
- Participação de mercado (*market share*)
- Quantidade de reclamações (semanal ou mensal)
- Receita por empregado = receita total/quantidade de empregados
- Quantidade de acessos ao seu site e redes sociais
- Índice de Reputação Corporativa (medição por pesquisa ou a critério da empresa)
- Quantidade de patentes (evolução % ao longo dos anos)
- Quantidade ou % de ideias inovadoras transformadas em produtos
- Quantidade ou % de entregas feitas no prazo
- Quantidade ou % das ideias dos empregados, efetivamente implementadas

Um faturamento anual em torno de R$ 10 milhões evidencia o aumento da complexidade do seu negócio, momento de pensar em separar a sua equipe em duas para forçar melhores resultados: uma "Equipe de Caçadores" voltada para conquista de novos clientes e uma "Equipe de Fazendeiros" voltada para a fidelização e desenvolvimento dos clientes atuais. Para a Equipe de Caçadores, selecione vendedores com um perfil mais agressivo no ataque ao mercado, com muita energia física e mental, foco, automotivação e ambição positiva. Remunere como recomendado anteriormente: valor fixo normal e comissão com premiação pelas metas superadas. Para a Equipe de Fazendeiros, selecione pessoas mais analíticas, com perfil mais interno, energia física e mental moderadas, disposição para construir relacionamentos de longo prazo e paciência para tratar problemas rotineiros do cotidiano. Remunere seu "Fazendeiro" com um salário fixo mais alto (20 a 30% maior que o do "Caçador") e comissão menor (30 a 40% menor que a do "Caçador") pelos novos negócios gerados em clientes atuais, com premiação pelas metas superadas. É primordial que essas equipes trabalhem em sinergia, pois transferir no momento oportuno os clientes dos "Caçadores" para os "Fazendeiros" requer harmonia, comunicação constante e gestão das expectativas. Se essa "passagem do bastão" for feita de forma abrupta, o bastão pode cair.

Com o passar dos anos, as suas relações com o mercado tendem a ficar cada vez mais complexas e sofisticadas, surgindo novas dinâmicas com clientes, parceiros, fornecedores e distribuidores mais maduros e sofisticados. O gerente de vendas que não acompanhar as mudanças, preparando sua equipe para os desafios crescentes, verá seu desempenho e resultados diminuírem rapidamente. Trocar sistematicamente os membros da força de vendas não é a solução mais apropriada, pois leva algum tempo até que os novos vendedores assimilem a cultura e os valores da empresa. Assim como o mercado, toda a equipe precisa evoluir e continuamente se adaptar aos novos desafios.

Acesse www.carloscaixeta.com.br e veja exemplos práticos de indicadores, planilhas, sites, artigos e conteúdos muito úteis para o seu sucesso em vendas e marketing, afinal de contas você quer dobrar as suas receitas!

4.8 O que deve fazer o gerente de vendas para manter uma equipe à frente dos demais competidores?

Num primeiro momento, avaliar a si mesmo. Refletir seriamente sobre alguns aspectos básicos da sua formação, atitude e preparo para exercer o cargo que ocupa. Questionar-se sobre quando foi seu último treinamento em vendas, sua última leitura sobre "Gestão da Força de Vendas" e as últimas mudanças feitas nas práticas de venda da sua área. O gerente é o líder, é o exemplo e o condutor de um processo permanente de mudança em busca da excelência e alto desempenho comercial! Revisar a questionar suas próprias práticas podem ajudá-lo na busca da melhoria contínua. Utilizar as tradicionais justificativas ligadas às dificuldades do mercado e preços praticados, ou transferir para os clientes os problemas de desempenho pessoal, apenas evitam que o gerente encare de frente as próprias carências, lacunas técnicas e pessoais. Tenha certeza que em algum lugar o seu maior concorrente está, neste momento, pensando em formas de aprimorar a si mesmo e à equipe para obter um melhor desempenho e supera-lo. Não fique para trás, nunca!

Para que o plano de melhoria da sua força de vendas atinja ótimos resultados, seguem algumas premissas ligadas ao aprendizado:

1. Toda aprendizagem é individual. Reter conhecimento e colocá-lo em prática é uma atitude pessoal. Depende exclusivamente de quem está recebendo este conhecimento.

2. O vendedor, como qualquer indivíduo, orienta seu esforço de aprendizado por metas a serem atingidas. Você precisa deixar muito claro quais são os conhecimentos e habilidades a serem adquiridas, desenvolvidas e para que servem ao trabalho.

3. O processo de aprendizagem é mais fácil quando o vendedor sabe precisamente a performance que se espera dele. Traçar os objetivos futuros, acompanhar e corrigir são passos importantes para dar ao vendedor a segurança de que está atingindo as etapas propostas de melhoria.

4. O conhecimento preciso dos resultados a serem atingidos favorece o aprendizado.

Identificar as melhorias do desempenho ligadas ao aumento dos conhecimentos e habilidades fazem com que o vendedor valorize o seu processo de aprendizagem e sinta-se motivado a continuar buscando novos conhecimentos.

5. É mais provável que o vendedor faça o que se espera dele, e o que deseja de si próprio, se lhe é concedida responsabilidade nas tarefas de aprendizagem.

6. Exemplos de ações e atitudes que não funcionaram, assim como das que funcionaram, auxiliam igualmente no aprendizado e desempenho. Discuta sempre as lições aprendidas sobre o que fazer e sobre o que não fazer. Ao gerente cabe definir objetivos, propiciar meios e avaliar a melhoria geral do vendedor. Apoie diretamente o vendedor sobre as melhores formas de adquirir os conhecimentos, habilidades e atitudes que lhe são necessárias. No segundo momento, defina as atribuições e competências necessárias para os próximos anos.

Entenda detalhadamente a "rotina e planejamento" de um vendedor típico:

- Planejar a rotina de contatos e atividades diária, semanal e mensal. Fazer o planejamento de metas de vendas para os meses e anos seguintes. Manter contato com os prospects via telefone, e-mail, redes sociais, eventos, seminários, palestras e visitas pessoais.
- Localizar, qualificar e integrar novos clientes à carteira.
- Elaborar plano de abordagem e recuperação de ex-clientes.
- Preparar as estratégias de abordagem e negociação.

• Conversar com clientes sobre produtos, serviços, experiências, satisfações, oportunidades e concorrentes, mantendo as informações sobre o cliente atualizadas. Elaborar propostas, cotações, análises e enviá-las aos clientes. Tirar pedidos dos produtos e serviços, conforme as orientações da empresa. Acompanhar a elaboração de contratos e sistema de pagamentos.

• Acompanhar a entrega e instalação de produtos e serviços.

• Treinar e orientar os clientes sobre como usar os produtos e serviços.

• Treinar e orientar os vendedores sobre como demonstrar os produtos e serviços. Manter contato com clientes e responder com a solução das suas dúvidas.

• Apresentar propostas e recomendações baseadas nas necessidades dos clientes.

• Elaborar relatórios de visitas, vendas efetuadas, vendas perdidas e ações da concorrência.

• Identificar demandas dos clientes e tendências de mercado, sugerindo novos produtos e serviços para aumentar as receitas da empresa.

• Participar de feiras e eventos voltados para o público-alvo. Participar de convenções de vendas e treinamentos da empresa.

• Apresentar a empresa aos clientes, prospects e instalar os materiais promocionais.

• Verificar o estoque de produtos nos depósitos do cliente, para elaborar proposta de venda.

• Verificar e orientar o cliente quanto à exposição dos produtos no ponto de venda.

• Apoiar o cliente a melhor usar os produtos e serviços, de acordo com os seus objetivos estratégicos, modelo de negócios e modelo de gestão.

O vendedor pode agregar outras tarefas específicas ou suprimir as que não são fundamentais, priorizando as tarefas relevantes e que contribuam para a melhoria do desempenho em vendas. A partir da lista de tarefas que o vendedor deve realizar, identifique as causas mais prováveis, caso não estejam sendo realizadas, e atue sobre elas:

a) O vendedor **não sabe** que precisa realizá-las: apresentar a relação de tarefas, explicar os resultados objetivados, ouvir com atenção o que o vendedor comenta e orientá-lo a respeito.

b) O vendedor **não sabe** como realizá-las: identificar as causas das dificuldades e pactuar com o vendedor um plano de aprimoramento dos conhecimentos necessários e habilidades a serem desenvolvidas. Pactuar também o prazo para implementação.

c) O vendedor, mesmo apoiado e orientado a respeito, **não quer** fazer as tarefas necessárias. Trocar de vendedor, o quanto antes!

O gestor deve manter um cadastro qualificado dos componentes da força de vendas, utilizando dados que possam auxiliá-lo a acompanhar a evolução individual e em equipe dos vendedores ou representantes, propiciando informações que o auxiliem a intervir, incentivar e corrigir desvios na medida em que forem sendo identificados. Dessa forma, estará preparado para conduzir um processo de evolução contínua e verá que as mudanças podem ser implementadas, levando toda a equipe para um patamar superior de desempenho. As palavras-chave são: foco, disciplina, inteligência, persistência e muita obstinação!

5. Valor, estilo da compra e modelo para gerenciamento de vendas

5.1 Relacionamento baseado em valor

Qualquer que seja a troca feita entre a sua empresa e seus clientes, ela é baseada em valor para ambas as partes. As ações para a entrega e percepção de valor são de responsabilidade tanto do marketing quanto de vendas, pois estão relacionadas não só à oferta em si como também ao relacionamento, experiências com a marca, design, plataformas digitais, embaixadores da marca, histórico de satisfação, confiança e reputação da sua empresa.

Valor pode ser entendido como uma avaliação subjetiva dos benefícios recebidos em troca de custos psíquicos, físicos e monetários. Esses custos são relativos às ações de procurar, deslocar, comprar, usar e desfazer-se de um produto ou serviço que foi o objeto da troca, dependendo ainda do momento da oferta, do ambiente experienciado e dos preços disponíveis da concorrência.

Um benefício é uma percepção subjetiva e individual sobre o que o comprador do produto ou serviço ganha positivamente com ele, o que os clientes pensam e sentem que obtêm da oferta de valor da empresa. Os benefícios percebidos de um produto podem ter três variáveis relativas a valor: econômico, com relação ao preço e qualidade percebida; funcional, relativo às características tangíveis do produto (ou serviço) como os seus atributos técnicos, aplicações e durabilidade; e psicológico, área intangível relativa à marca, confiança, reputação e própria experiência com o produto.

Qualidade percebida é a relação entre a qualidade esperada antes da compra e a qualidade experimentaca depois da compra.

O valor caracteriza-se por três aspectos que concorrem para o desafio do desenvolvimento da troca: é sempre perceptivo, variando conforme a análise individual do cliente; é contextual, variando conforme a situação de compra e as alternativas disponíveis; é multidimensional, uma vez que os clientes avaliam os benefícios recebidos em termos econômicos, técnico-funcionais e psicológicos.

A chamada "venda de valor" é o grande desafio dos gestores, tanto de marketing quanto de vendas, pois são os executores e desenvolvedores das relações com os clientes. O estabelecimento de valor no processo de troca implica o conhecimento individual de cada grupo de clientes (ou individual, conforme a possibilidade e acessibilidade), o planejamento de como acessá-lo e a forma de convencimento, de persuasão para a realização da troca. Como consequência, o processo completo necessitará, por um lado, de uma grande sinergia com as atividades de base e planejamento de marketing e, por outro lado, de um grande conhecimento do mercado e da essência dos públicos-alvo pela área de vendas. Você ainda tem dúvidas se marketing e vendas precisam ficar juntas? Una-as imediatamente, para bem das suas receitas!

Se o cliente diz que está caro é porque a percepção de valor não foi bem-feita pelo vendedor ou percebida por ele, ou as duas coisas, como uma compensação ao preço. É preciso olhar fixamente em seus olhos e perguntar: "caro em relação a quê"? Para algo estar caro, é preciso ter exata ideia do valor recebido em relação ao preço e demais custos, de modo que é preciso esmerar e apresentar todos os benefícios da sua oferta, "de A a Z". Quanto mais benefícios apresentados e percebidos, comparados ao preço dado e dos concorrentes, maior a probabilidade de se atingir a alta percepção de valor e do "preço justo". Elimine do linguajar, proíba todos da empresa de dizerem que o seu preço é mais caro, se for o caso, pois caro é o que não dá resultado. Oriente para dizerem que o preço praticado é justo, adequado ao pacote de benefícios e valores disponibilizados! Reúna a sua equipe e faça uma lista de todos os benefícios e valores, de cada família ou produtos e serviços individualmente, e treine repetidamente a argumentação de vendas. Pesquise os três principais concorrentes e tenha à mão essa mesma lista sobre os produtos e serviços deles, para na argumentação de vendas enfatizar onde a sua oferta é mais competitiva e superior. Treine, treine e treine, pois a excelência vem da repetição incansável.

5.2 Identificação dos papéis de compras

A compra, ou seja, o ímpeto de adquirir algo baseado em necessidades, desejos, urgência e orçamento do comprador é um fenômeno bastante complexo, onde vários fatores influenciam e interferem positiva ou negativamente. Compreender esses fenômenos e usar isto para fazer negócios, para aumentar as receitas é o grande desafio dos profissionais de vendas e marketing.

Quando falamos em vendas com foco "no cliente", precisamos sentir e pensar como compradores e não como vendedores. É preciso entender o que se passa no coração e na cabeça do comprador quando está envolvido no processo de compra, se é uma decisão de baixo risco (compra simples como um lanche ou uma calça) ou de alto risco (compra complexa como uma cirurgia plástica ou apartamento). É necessário identificar o que o comprador mais valoriza para decidir, por ordem de importância, para ter êxito com as estratégias de criação de valor nas abordagens de vendas. Em outras palavras, você precisa entender o padrão utilizado pelo comprador para tomar suas decisões de compra em situações específicas. Altamente recomendável, pelo menos uma vez por semestre, escolher 10 clientes inteligentes e perguntar: "o que você considera, por ordem de importância, para decidir comprar produtos e/ou serviços como os nossos? Por que e onde nos destacamos?". Registre tudo, aprimore o que for preciso e aprenda sempre com os seus clientes mais exigentes e inteligentes!

Lembre-se sempre que a venda, na essência, é o resultado de uma comunicação bem-sucedida dos valores agregados da sua oferta, de modo que o comprador perceba a adequação às suas necessidades e desejos. É neste momento crucial que a compra é decidida! Quando o comprador está em ação ele avalia, decide, aprova, assume compromissos formais, adquire e utiliza, direta ou indiretamente, os produtos e serviços. Essa é a dinâmica do processo da decisão de compra: avaliações, decisões, aprovações e utilizações. Você precisa compreender as motivações e critérios de compra utilizados, pois imprimem dinâmica ao processo de compra e mudam ao longo do tempo. Acompanhe essas mudanças periodicamente, pelo menos a cada 6 meses como orientado anteriormente.

Por exemplo, quando uma pessoa decide adquirir uma roupa para seu uso próprio, define e inicia um processo de tomada de decisão. Ela avalia as necessidades, estabelecendo os critérios de compra e as alternativas disponíveis, compara esses critérios com as especificações dos produtos e fornecedores, avalia a urgência e o orçamento, decide pela melhor alternativa, aprova escolhendo o produto ou fornecedor, adquire a roupa escolhida e a partir daí utiliza-a até que seja descartada. Nesse caso, uma única pessoa desempenhou todos os papéis no processo de compra: avaliador, decisor, aprovador e usuário.

Quando uma grande empresa do ramo de bebidas decide lançar um novo produto e precisa adquirir uma solução de embalagens industriais, dispara um processo de compra. É um procedimento operacional padrão de compra envolvendo necessidade, senso de urgência, orçamento, avaliações de produtos e fornecedores, escolha dos produtos e fornecedores, aprovações de acordo com a verba disponível e utilização da solução adquirida para produzir e embalar o novo produto.

Os exemplos anteriores demonstram que os processos de decisões de compras seguiram o mesmo racional: o evento foi definido, foram feitas avaliações, tomadas de decisões, aprovações e utilizações do que foi adquirido – algo genérico e comum. No entanto, existem considerações importantes relacionadas aos critérios, papéis exercidos e valores que valem a pena ser mencionadas.

Na primeira situação, uma única pessoa exerceu todos os papéis de compra: avaliou, decidiu, aprovou e utilizou o que foi comprado. Caso a roupa tivesse sido um presente, o usuário final teria sido o presenteado. Se uma terceira pessoa tivesse pago o presente, ela seria o aprovador. Ou ainda, se quem tivesse escolhido a roupa fosse outra pessoa de bom gosto, um reconhecido *expert* em moda, teria sido o decisor. Compreenda que os papéis de compra existem mas podem ser exercidos por pessoas ou entidades diferentes, sendo possível até mesmo o acúmulo de papéis! No exemplo da empresa de bebidas, o responsável pela avaliação das alternativas (avaliador) poderia ter sido um analista de operações, a decisão técnica ter sido tomada pelo diretor financeiro (decisor) e a aprovação final realizada pelo vice-presidente (aprovador). Essas considerações ilustram como cada processo de compra tem seus papéis formais e suas particularidades.

Tenha em mente que todos esses papéis têm poderes, dependendo da situação, contexto e das particularidades da organização. Por exemplo, a filha de oito anos (decisora) de uma família, simplesmente a usuária de um automóvel que está para ser comprado, pode influenciar fortemente o pai (aprovador) a adquirir o veículo da sua preferência, vencendo a escolha do irmão mais novo de cinco anos (avaliador). Do mesmo modo, o diretor de uma empresa, envolvido numa decisão de compra como avaliador, pode usar todo o seu poder e influência para que seja escolhido determinado produto ou fornecedor. Fique atento pois, além dos formais, complementarmente existem também os papéis informais nos processos de compra, caracterizados pelo poder e influência de pessoas ou entidades externas como consultores, professores, psicoterapeutas, etc.

Por isso, para o seu sucesso é crucial identificar cada um dos papéis de compra, bem como o poder e a influência de cada indivíduo ou entidade que exerce cada papel, valendo a pena fazer todos os esforços nesse sentido! Nas vendas pessoais é relativamente simples identificar esses papéis formais e informais, mas nas vendas corporativas, onde podem estar distribuídos entre várias pessoas com poderes e influências amplas e variadas, mapear o processo de decisão de compra é um grande desafio mesmo para os vendedores mais experientes.

Outro detalhe importantíssimo é a necessidade de você descobrir quais valores específicos serão levados em consideração pelas pessoas, quando exercerem seus papéis de compra. Por exemplo, um avaliador pode julgar as alternativas por critérios técnicos, optando por aquela que oferecer melhor capacidade e características técnicas dos produtos e serviços adicionais, como motor mais potente, modularidade da solução, facilidade de operação, desempenho, baixo consumo, assistência técnica , etc. Outro avaliador poderá levar em conta prioritariamente os aspectos financeiros, indicando a solução mais barata ou a de melhor custo-benefício. Uma terceira pessoa poderá escolher levando em conta critérios pessoais, reconhecimento interno, recompensas, prêmios e ascensão profissional, optando por produtos e fornecedores que favoreçam a sua busca por poder e influência dentro da organização.

Sua missão é entender os fatores que influenciam as decisões de compra dos seus produtos e serviços, para moldar o desenvolvimento das estratégias de criação de valor, abordagens e ações de vendas. Compreenda as pessoas e valores que norteiam todas as decisões a favor do seu negócio, usando esse conhecimento como ferramenta de vendas, transformando as oportunidades em cada vez mais receitas.

5.3 Estilo de compra

Apresentamos uma ferramenta que permite, de modo simples e eficaz, entender as influências dos valores e percepções dos compradores corporativos, apoiando você a desenvolver suas estratégias de vendas. Veja abaixo o chamado "espectro de comportamento da compra", onde na extremidade esquerda estão situados os compradores com estilo de compra de transação, e na extremidade direita os compradores com estilo de compra de relação, com posições ou fases intermediárias entre os dois extremos. A facilidade ou dificuldade de trocar de fornecedor ou produto leva o comprador a se posicionar no espectro – percepção de valores mais estratégicos ou operacionais. Se for fácil trocar de fornecedor ou produto, os compradores tendem a comprar usando o estilo de compra de transação e consideram valores específicos. Se a troca de fornecedor ou produto for difícil, os compradores tendem a usar valores específicos do estilo de compra de relação.

Espectro de comportamento da compra

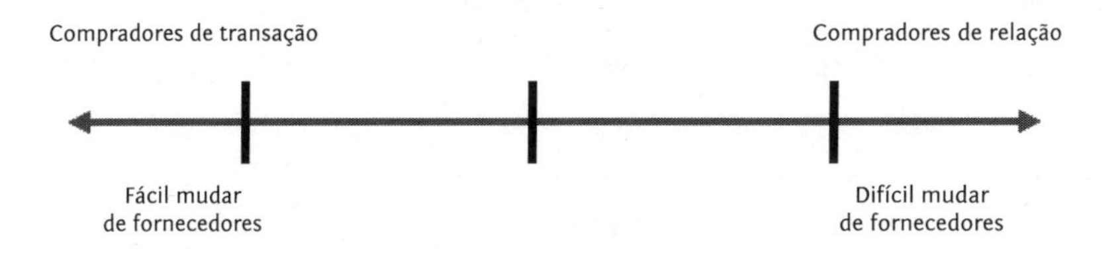

Figura 13: Adaptação do autor.

As características da compra

Se um comprador vai fazer a compra de um produto isolado ou de produtos distintos, com a expectativa de utilizá-los no curto prazo, com baixo risco financeiro e pessoal da decisão e outras alternativas disponíveis, é mais fácil trocar de produto ou fornecedor, assumindo o estilo de compra de transação. Por outro lado, se a compra faz parte de um sistema mais complexo, cuja expectativa de utilização é de longo prazo, a decisão representa um considerável risco financeiro e pessoal e o fornecedor não pode ser facilmente substituído, pois é mais estratégico o comprador tender a assumir o estilo de compra de relação.

As compras de transação exigem muito pouca ou nenhuma fidelização do comprador, por isso o poder de quem vende é menor. Contrariamente, as compras de relação demandam mais fidelização ou grande dependência do comprador, aumentando o poder do vendedor.

Em qual espectro seus compradores estão, caso se aplique ao seu negócio? Quanto mais à esquerda, menor o seu poder de negociação, pois é mais fácil substituí-lo! Crie ações de melhoria para estar mais à direita, pois será maior o seu poder de negociação, fidelização e percepção de valor por parte dos compradores.

O que interessa ao comprador

De modo geral, os "compradores de transação" satisfazem-se com a compra por meio de estímulos e valores imediatos, preocupam-se com as características e particularidades do produto e serviço, buscam sempre o menor preço, melhor prazo de entrega e facilidades de pagamento.

Os "compradores de relação" valorizam a capacidade do fornecedor de prestar orientações técnicas, aconselhamentos para melhor instalação e utilização do que compraram, flexibilidade para soluções customizadas, relacionamentos duradouros, dicas de marketing e novos produtos. Valorizam fornecedores previsíveis, "parceiros" com alta credibilidade e forte reputação, enfatizando a capacidade e competência de curto e longo prazos. É evidente que os atributos relacionados a produto, preço e prazo, prioridades dos compradores de transação, também são importantes para os de relação, mas como fatores secundário e não prioritários.

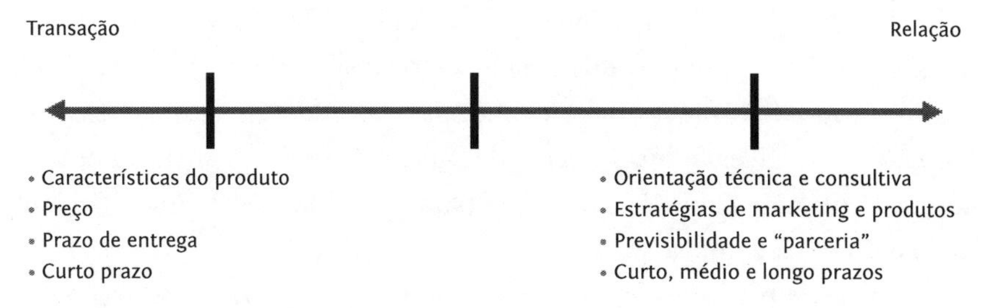

Figura 14: Adaptação do autor.

Quando você considera a importância da compreensão e entendimento dos estilos de compra, consegue alcançar a chamada "adequação de vendas", uma total sintonia entre a sua estratégia de oferta e criação de valor e o estilo de compra dos seus clientes. Esse é um poderosíssimo "pulo do gato" em vendas: compreender os estilos de compra e ser capaz de influenciá-los, adequando e aumentando a sua persuasão para aumentar as vendas. Falaremos sobre o poder da persuasão mais adiante, na Unidade 5.

Para compradores de transação, ofertas de transação e uma adequada abordagem de vendas. Para compradores de relação, ofertas de relação e uma abordagem focada no relacionamento. Mas o que fazer se a sua oferta for de transação e o estilo do comprador de relação? Seria possível transformá-la para de relação? E se acontecesse o contrário? Haveria apenas um caminho: influenciar fortemente para mudar a percepção de valor e estilo do comprador, afinando-os aos que lhes são favoráveis.

Influenciando os estilos de compra

Anteriormente foi defendido que é preciso ter a oferta e a abordagem de vendas adequadas ao estilo de compra do cliente. Pois bem, se o estilo é basicamente influenciado pela facilidade ou dificuldade de troca de fornecedor, além dos riscos envolvidos, a razão para que isso aconteça é a consideração pelo comprador de dois fatores importantes: os custos da troca (mudança) e o conjunto dos benefícios recebidos (fornecedor).

O custo da troca pode ser entendido como o esforço financeiro, psíquico e operacional que o comprador vai enfrentar para trocar de produto e fornecedor, envolvendo tanto aspectos tangíveis quanto intangíveis. Do mesmo modo, o conjunto dos benefícios recebidos refere-se às vantagens que o comprador obtém de determinado fornecedor, também considerando valores tangíveis e intangíveis. Identificar o conjunto atual e potencial desses benefícios é muito importante para você conseguir mover o cliente para o estilo de compra que deseja!

Por exemplo, se deseja que um comprador com tendência ao estilo de relação mova-se para o de transação, no qual consegue adequar as suas vendas, é preciso criar condições para reduzir os custos de troca e manter a percepção dos benefícios atuais. Uma alternativa seria isentar as primeiras mensalidades ou adquirir, como forma de pagamento, os produtos que se deseja substituir. Dessa forma, caem significativamente as despesas do comprador com a decisão de troca. Outra opção seria manter os privilégios dados ao cliente pelo atual fornecedor, como a prioridade no atendimento ou garantias de reposição. Redução de carências, pagamento de multas contratuais, aquisição de equipamentos ou softwares antigos e apoio consultivo por prazo determinado, entre outros, são exemplos das tentativas de minimizar os custos de troca, comumente utilizadas no mercado competitivo: bancos de varejo, telecomunicações, insumos básicos, planos de saúde, eletroeletrônicos, etc.

Se deseja que o comprador faça o movimento inverso, ou seja, mude do estilo de transação para o de relacionamento, maximize os custos de troca e a percepção sobre os benefícios adicionais, fazendo com que a sua decisão de compra seja de maior envolvimento e o custo da troca sujeito a perdas financeiras, corporativas e pessoais, é preciso fazer com que ele considere os valores do relacionamento, estratégicos e operacionais, para tomar e manter a decisão de compra: bancos de investimento, consultorias, clínicas de estética e cirurgia plástica, serviços jurídicos especializados, etc.

Adeque sempre o estilo de compra do seu cliente para utilizar as abordagens de marketing e vendas, de modo a garantir a sua efetividade, o aumento dos retornos dos investimos, das taxas de conversão dos esforços, da satisfação geral, da reputação e, consequentemente, das suas receitas!

5.4 Modelo para gerenciamento das vendas

Um dos maiores desafios dos executivos de vendas é administrar o tempo, as pessoas e os recursos para conseguir os resultados desejados, por isso a necessidade de um modelo gerencial de vendas lógico e abrangente, que permita uma atuação precisa e decisões assertivas. O modelo proposto é o resultado de mais de vinte anos de experiência prática em mais de 100 empresas de variados portes e setores, adaptado também a partir da literatura atual sobre o tema, aplicável tanto para ofertas individuais quanto para ofertas corporativas.

O modelo é constituído por cinco dimensões e seus respectivos componentes, que interagem entre si e criam uma dinâmica complementar, adequados ao ambiente específico das suas vendas. As dimensões propostas são: estrutura, sistemas, estratégias, práticas gerenciais e tecnologia de informação. Veja abaixo:

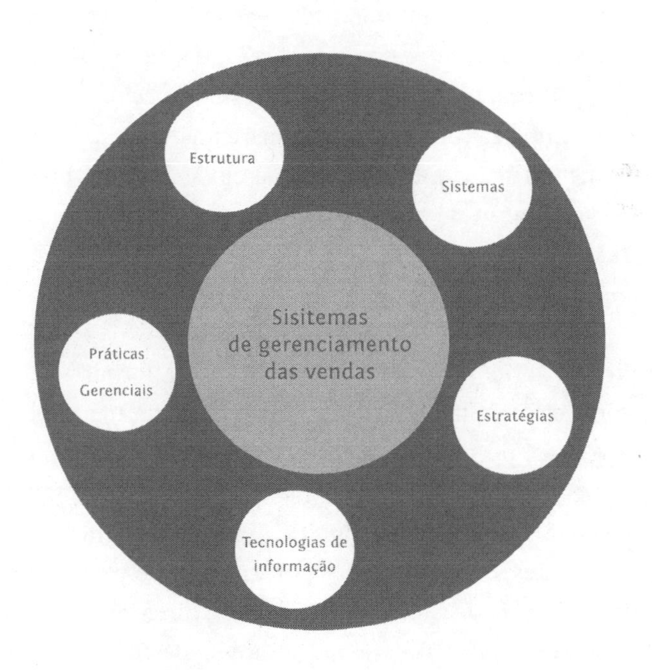

Figura 15 – Modelo de gerenciamento das vendas.

Dimensão 1: ESTRUTURA

A "Estrutura" refere-se às configurações básicas e críticas para a área de vendas. É constituída pelos seguintes componentes:

Cobertura e segmentação de mercado: fundamental para se atingir os compradores atuais e potenciais, levando em conta as suas particularidades e similaridades. Este componente tem por objetivo compreender e estar o mais próximo possível dos compradores, em todas as etapas da venda. Avalie e escolha um modelo de cobertura e de segmentação de clientes adequados ao seu negócio, levando em conta seus objetivos comerciais, os recursos disponíveis e aspectos geográficos relacionados à localização dos compradores potenciais e atuais. Cidades, estados, bairros e locais de concentração dos compradores, bem como a sua capacidade de atingi-los, influenciam na arquitetura dessa cobertura. Muitas ofertas são específicas e especializadas, muitos compradores têm particularidades nos seus processos de compra e na utilização do que vai ser comprado, exigindo uma segmentação específica a partir das semelhanças e especificidades. Por exemplo: governo e empresas privadas, pequenas e médias empresas, residências num bairro determinado, indústria e comércio, indivíduos ou corporações. Uma boa segmentação de clientes permite potencializar a utilização dos recursos de vendas, focar e personalizar a sua atuação. Retorne à Parte 1 do livro e relembre sobre segmentação.

Configuração de territórios: para conseguir tornar a cobertura e a segmentação efetivas, é necessário ter uma configuração adequada dos territórios de vendas, permitindo identificar o tamanho, o tipo e o perfil da sua força de vendas. Para vender e manter um tipo de comprador com perfil complexo, é preciso saber que tipo de organização será capaz de atendê-lo, quantos clientes serão abordados por vendedor, o perfil do vendedor, a quantidade necessária de vendedores, gerentes, diretores ou representantes comerciais, as competências exigidas, as atividades necessárias, os suportes, a cadeia de valor para sustentar os tipos de venda e de comprador, as funções e as responsabilidade de cada componente da cadeia de valor, além da comunicação, subordinação e coordenação.

Organização e processos: envolve o esforço de organizar, padronizar, determinar funções e responsabilidades, estabelecer interações e subordinações, disponibilizar tecnologias, recursos materiais e humanos para garantir a operação comercial. Devem ser detalhados os procedimentos operacionais padrões internos e externos, contemplando o planejamento, execução e monitoramento do desempenho: viagens para prospecção, relatórios de visitas, modelo de propostas, análises de problemas, visualização e acompanhamento das metas, periodicidade das reuniões, modelos de arquivos e e-mails, tipo de cartões utilizados, etc.

Dimensão 2: SISTEMAS

A segunda dimensão refere-se aos processos de informações que atendam às demandas e dinâmicas da venda, desenvolvidos com o propósito de garantir a funcionalidade e efetividade das atividades:

Políticas e procedimentos: estabelecimento da forma de atuação da força de vendas, com instruções claras e definidas sobre a atuação das diversas funções, papéis e responsabilidades para garantir e nortear um bom desempenho. Muitas organizações, por não terem orientações claras e explícitas, escolhem uma forma de atuar que nem sempre é a mais adequada, perdendo eficiência e tempo em razão do aprendizado pela "tentativa e erro". Aspectos como procedimentos éticos e pessoais também devem fazer parte desse componente, também conhecido por "Manual das Boas Práticas em Vendas".

Comunicação: é fundamental um sistema de comunicação frequente e atualizado entre a força de vendas, por meios digitais e tradicionais, presenciais e a distância. Estudos recentes indicam que a má comunicação pode ser a causa das perdas de até 40% dos resultados de uma equipe! As informações que constituem esse componente são aquelas que têm impacto direto sobre o desempenho das funções comerciais, relacionadas a clientes e mercados: informações atualizadas sobre novos produtos e preços, promoções, formas de comercialização e pagamentos, categorias e segmentos de clientes, estratégias de marketing e vendas, campanhas publicitárias convencionais e nas redes sociais, quadros comparativos e ações dos concorrentes, estoque disponível e procedimentos recentes.

Treinamento e desenvolvimento: cada função de vendas exige conhecimentos, habilidades e atitudes específicas para o seu bom desempenho. É preciso identificar as necessidades de treinamento e desenvolvimento de cada uma das funções ou cargos, disponibilizando programas periódicos de treinamentos para aquisição, manutenção e aperfeiçoamento das competências requeridas. Atenção redobrada a uma das principais regras de ouro dos negócios: "a qualidade dos seus resultados será proporcional à qualidade das suas equipes"!

Plano de remuneração: considerado um dos pontos principais da gestão de vendas, em razão dos desafios para se desenhar um sistema de remuneração atraente e meritocrático. Como os vendedores precisam de fortes e constantes estímulos, a remuneração inadequada geralmente está entre os motivos principais dos problemas de desempenho. O ideal é que o salário dos vendedores tenha uma parte fixa, suficiente para atrair e reter, e complementarmente uma parte variável, para estimular a boa performance. De modo geral, um bom sistema deve ser flexível na parte variável, direcionando a venda de produtos que a empresa estrategicamente quer vender, em determinado momento e mercado. Dependendo do tipo de negócio, outras funções de apoio precisam ser incluídas no sistema de remuneração, para determinar e implementar de acordo com as necessidades do cliente: consultoria, apoio técnico e operacional específicos, treinamentos para utilização etc.

Prêmios e reconhecimentos: os resultados comerciais são muito sensíveis a outros estímulos, além da remuneração e comissionamentos, de modo que um sistema de premiação e reconhecimento atraente gera sempre bons resultados. Várias empresas divulgam, mensal ou trimestralmente, retratos dos seus campeões de desempenho, agradecimentos emocionados na intranet, relatos de casos de sucesso, elogios vindos dos clientes, reportagens positivas e ranking dos resultados, reconhecendo formalmente os melhores vendedores. Prêmios e reconhecimentos somados a ações de comemoração pela venda concretizada, como tocar sinos e cornetas, precisam fazer parte da sua cultura empresarial, aumentando a "garra" de vender! Os gestores que sabem aproveitar esses momentos geralmente conseguem maior comprometimento e motivação das suas equipes.

Gestão de negócios: é necessário ter um método que permita acompanhar os resultados das atividades realizadas, a partir dos processos de tomada de decisão dos clientes e compradores e processos de vendas dos produtos e serviços. O primeiro desafio deste componente é entender como os compradores tomam suas decisões e quais atividades podem ser desenvolvidas para acelerá-las, contemplando as ações principais da força de vendas: identificação e abordagem do cliente, compreensão das necessidades e desejos, oferta e venda dos benefícios, desenvolvimento do relacionamento, fidelização, estímulo a novas compras, avaliação da satisfação e confiança.

Algumas ofertas passam por processos de compras simples e rápidos, outras passam por processos complexos e demorados, sendo preciso identificar cada etapa para se desenvolver um modelo de gestão eficiente e eficaz. A força de vendas precisa ser informada sobre esse modelo e compreender claramente o que precisa fazer, quais ações indutoras e apoiadoras precisa implementar para aumentar a probabilidade da venda final. Atualmente, tecnologias permitem a implementação de métodos abrangentes e confiáveis de gestão de negócios, usando redes integradas de tecnologias internas e externas. Alguns softwares e sites na Internet ajudam na compilação, análise, visibilidade e acompanhamento dos resultados, vinculados a programas de CRMs (*customer relationship management* – gestão do relacionamento com o cliente). Acesse www.carloscaixeta.com.br e veja uma lista de sites e ferramentas recomendadas, com ótimos resultados comprovados.

CRM (customer relationship management): também conhecido como marketing de relacionamento, tem como diretriz a utilização das melhores práticas de gestão, processos e cultura organizacional direcionadas para os clientes, bem como os sistemas que permitam sua implementação. Marketing de relacionamento pode ser entendido como o processo contínuo de identificação, criação e disponibilização de valores específicos para clientes específicos, desenvolvendo uma relação de parceria e confiança ao longo do tempo – veja novamente a Parte 1 sobre marketing.

Avaliação de desempenho: recrutar, selecionar, contratar, treinar, pactuar entregas de resultados, remunerar e manter vendedores são ações que envolvem altos e fundamentais investimentos, dificultando as decisões, pois invariavelmente estão relacionadas a fatores empíricos, subjetivos e experienciais. Nesse sentido, um sistema de avaliação de desempenho objetivo e claro apoiará você a tomar decisões mais precisas e confiáveis, baseadas em fatos, dados e evidências! Normalmente, as empresas adotam sistemas de avaliações de desempenho para todos os funcionários, com o objetivo de premiações periódicas em função dos resultados entregues. Para vendas, em especial, a avaliação de desempenho deve ser constante e dinâmica, permitindo identificar imediatamente as lacunas de desempenho e suas causas, contemplando as competências exigidas dos diversos cargos de vendas e os resultados práticos obtidos pelos indivíduos, em determinado período. Partindo-se de um modelo padrão, determinando as competências exigidas e os resultados pactuados, será possível o rápido acompanhamento e gestão do desempenho técnico, relacional, mercadológico e de liderança.

Os gestores de vendas precisam se pautar em metas de desempenho, com métricas claras e processos estruturados para gerenciar as suas equipes e tomar decisões acertadas, afinal de contas liderar é tomar decisões! Uma organização que não tem um sistema de avaliação de desempenho implementado e confiável perde na qualidade das suas decisões, errando mais e acertando menos, perdendo também dinheiro e os talentos. Com a Internet não há desculpa para não fazer, pois uma quantidade ampla de soluções gratuitas está à disposição para apoiar você no que for preciso.

Dimensão 3: ESTRATÉGIAS

Esta dimensão indica o seu planejamento e prioridades de resultados, funcionando como uma bússola direcionadora dos esforços e ações táticas, transformando intenções em resultados práticos:

Estratégias de marketing: devem ser informadas para a força de vendas de maneira clara e permanente, que por sua vez contribuirá para sua execução e aprimoramentos. Propositalmente repito, marketing e vendas são "gêmeos univitelinos", apoiam-se mutuamente e precisam ficar juntos numa mesma diretoria ou gerência: Marketing e Vendas. Caso estejam separados na sua empresa, não perca tempo e una-os o quanto antes, suas receitas agradecerão! Infelizmente, por ainda não estarem juntos em várias empresas, é comum encontrar equipes de vendas que não têm ideia da existência de um planejamento corporativo ou de marketing, ou que nunca tenham participado deles. A área de marketing muitas vezes fracassa em suas estratégias exatamente porque vendas não tomou conhecimento delas e, portanto, não participou da sua implementação. Outras vezes, estratégias de produtos e promoções foram iniciadas sem a devida comunicação à operação comercial. Isso é simplesmente inacreditável mais ainda acontece, infelizmente!

Os gestores de vendas proativamente precisam estar atentos às novidades e mudanças das estratégias de marketing, para orientar as suas equipes e contribuir efetivamente para os aperfeiçoamentos. Essas estratégias são essenciais para os resultados comerciais e dependem da atuação comprometida da força de vendas, juntamente com o marketing.

Estratégias de criação de valor: também chamadas de abordagem de vendas, possuem benefícios e diferenciais competitivos que devem ser comunicados aos compradores, para serem valorizados. Seus vendedores precisam ter a capacidade de convencer os clientes de que a sua oferta é a melhor alternativa, encontrando a mais adequada, eficiente, eficaz e convincente abordagem. Para cada família de produtos e serviços, liste todos os atributos e características técnicas, evidencie os benefícios potenciais e use seletivamente nas abordagens, direcionando de acordo com o contexto e perfil dos clientes. Na Unidade 5, falaremos mais sobre esse assunto.

Estratégias competitivas: os mercados, com raras exceções, estão cada vez mais competitivos, com muitas alternativas de ofertas e fornecedores, pressões por redução dos custos, pouca diferença significativa e um nível cada vez mais alto de exigência dos compradores. Enfrentar fortes concorrentes é hoje uma situação normal, sendo assim estude os pontos fortes e pontos fracos dos seus principais concorrentes e estabeleça estratégias competitivas para combatê-los, especialmente durante as oportunidades de vendas, pois o comprador é o juiz final desse confronto. Monitore a concorrência de perto, experimente periodicamente os seus produtos e serviços, converse com seus clientes e funcionários, monitore seus sites e redes sociais, acompanhe-os sem fazer alarde.

Estratégias políticas: cada vez mais as organizações estão convencidas de que o relacionamento com os clientes é uma poderosa vantagem competitiva, e estão investindo nesse sentido. O termo "político" refere-se à importância de se conquistar a confiança e o apoio das pessoas chave na estrutura dos clientes, usando suas respectivas influências e poderes para indicá-lo e escolhê-lo como fornecedor. Oriente a sua força de vendas para selecionar e manter relacionamentos fortes com as pessoas mais poderosas e influentes dos clientes, valorizando e reservando orçamento para ações desse tipo.

Dimensão 4: PRÁTICAS GERENCIAIS

Trata-se da operacionalização do modelo, da dinâmica resultante da atuação gerencial, onde as coisas de fato acontecem e o papel dos gerentes e supervisores é ponto crítico. O pilar dessa dimensão é o fator humano, pois o que foi planejado precisa ser executado.

As práticas gerenciais envolvem o entendimento dos objetivos estratégicos da organização, o desdobramento desses objetivos em metas de resultados para a área de vendas, o aperfeiçoamento dos procedimentos internos, o envolvimento de todos para se atingir as metas de resultados, a formação e supervisão das equipes, o uso de ferramentas profissionais de gestão, a cooperação com todos da equipe e das outras áreas, os feedbacks periódicos e as orientações para o alto desempenho. Supervisionar as atividades dos colaboradores nas suas rotinas significa, também, acompanhar a dinâmica do trabalho para verificar se os sistemas e as diretrizes estão sendo devidamente seguidos e utilizados. Considerando-se que os problemas de desempenho da força de vendas devem-se, em grande parte, a falhas na execução das tarefas ou falta de conhecimento, os gestores devem ser capazes de identificar precisamente essas causas, pois as soluções, apesar de complementares, serão distintas.

O papel do líder é determinante nessa dimensão, pois a liderança real se dá pelo exemplo, pelo cumprimento de tudo aquilo que promete e divulga. O líder participa de tudo, ouve os colaboradores, pede contribuições, reconhece que errou e muda atitudes, toma decisões difíceis, está ciente dos acontecimentos e implicações, esclarece dúvidas, assume pessoalmente a responsabilidade, reformula pontos de vista e conquista admiradores. O perfil dos líderes de uma organização conta muito sobre ela: líderes fracos, organizações fracas, lideres fortes, organizações fortes. A propósito, como você está como líder? E como estão os seus líderes? Quais pontos fortes manteria? Quais pontos fracos aperfeiçoaria?

Dimensão 5: TECNOLOGIAS DE INFORMAÇÃO

Em um restaurante do Rio de Janeiro, o garçom faz o pedido do cliente, encerra a conta, registra uma breve pesquisa de satisfação e emite a nota fiscal usando um *tablet* conectado à Internet. Em São Paulo, o representante de vendas de uma grande cervejaria, antes mesmo de visitar seu cliente, tem informações sobre o perfil, suas últimas compras e orienta-o presencialmente sobre o pedido usando um aplicativo em seu *iPhone*. O vendedor de uma empresa de telefonia celular consulta a sua programação de visitas usando o *smartphone*, apoiado online pelo seu supervisor, que acompanha todo o trabalho da equipe de vendas e passa orientações específicas. Um vendedor de planos de saúde recebe uma mensagem no celular sobre um pedido de visita de um dos seus clientes. Pela internet, um comprador tem informações sobre as alternativas de voos, decide e compra a sua passagem sem a emissão do bilhete físico tradicional, embarca e viaja sem problemas.

Cada vez mais a disponibilização de tecnologias para vendas está presente no mundo dos negócios, nas mais distintas plataformas, sendo prioridade para a eficiência comercial. Há vários anos, juntamente com meus associados e escolas de negócios onde atuo, analisamos e implementamos as melhores, listadas no site www.carloscaixeta.com.br. O grande desafio para os profissionais de marketing e vendas é saber como utilizar e gerenciar essas ferramentas de forma efetiva e lucrativa, transformando o conhecimento em inteligência de mercado e decisões proativas que gerem mais negócios, mantenham os atuais e evitem a perda de oportunidades.

Informações para vendas

Rumo ao sucesso comercial, é necessário acompanhar e administrar informações sobre o seu mercado de atuação, clientes e compradores, ofertas próprias e dos concorrentes, processos e atividades de apoio a vendas e seus resultados. Trata-se de um universo infinito e dinâmico, um verdadeiro "big data" com inúmeras possibilidades de poderosas vantagens competitivas, permitindo o entendimento das conexões entre as atividades internas (fluxos dos produtos, serviços e tarefas de apoio) e atividades externas (fornecedores, canais, concorrentes e clientes), visando encontrar oportunidades de diferenciação.

Ponto importante da gestão das informações de vendas é o modo como o comprador as utiliza no desenvolvimento do seu processo de compra, entendido por meio de uma ferramenta chamada *Customer in Action* (CIA) ou Cliente em Ação (CEA). Com ela é possível mapear o comprador como um sistema de uso, indicando a sequência, a inter-relação entre as etapas e atividades envolvidas com a sua decisão de compra, como vemos no quadro a seguir.

QUADRO 01
Cliente em Ação - CEA

Procura	Compra	Usa	Desfaz
• Determina as suas necessidades • Decide características que o produto deve ter • Escolhe o produto/fornecedor • Justifica a compra	• Escolhe o produto/fornecedor • Faz o pedido • Paga pelo produto/fornecedor • Recebe o produto	• Verifica se o pedido está correto • Verifica a qualidade • Utiliza o produto/serviço adquirido • Modifica ou adapta para necessidades especificas • Aperfeiçoa ou valoriza o produto • Faz a manutenção do produto	• Decide substituir ou atualizar o produto/serviço • Descarta o produto/serviço através de descarte ou reciclagem • Passa adiante o produto/serviço para o próximo cliente/comprador

O modelo Cliente em Ação (CEA) pode ser usado para descobrir as necessidades e desejos do cliente à medida que se alteram, desde o momento da compra até a finalização e descarte do produto ou serviço. Embora a importância de cada etapa dependa do tipo de produto, do serviço e sua utilização, o entendimento total das necessidades do cliente pode ajudar a melhorar a adequação da sua oferta a essas necessidades, por meio do gerenciamento das informações de vendas.

Uma empresa que disponibiliza, em seu site ou rede social, informações sobre os seus produtos e serviços para que os compradores possam avaliar a aderência deles às suas necessidades e desejos, está tentando se diferenciar fornecendo informações no estágio de "Procura" do modelo CEA. Uma outra que oferece informações sobre a sua forma de pagamento facilitada e especial, está atuando no estágio de "Compra", favorecendo a decisão pelo pedido. Quando a empresa faz treinamentos para os seus clientes sobre como utilizar melhor os seus produtos, está dando informações no estágio "Usa". A organização que comunica aos clientes que aceita o produto antigo, como parte do pagamento de um novo, está tentando a diferenciação no estágio "Desfaz", facilitando o descarte.

Combine vários diferenciais e comunique em todos os estágios, para se destacar fortemente. Os exemplos mostram como é efetivo utilizar as informações de vendas para conseguir uma visibilidade qualificada, importante e valorizada!

Em termos práticos, nos exemplos anteriores, o garçom que utilizou o *tablet* para fazer o pedido do cliente usou uma solução de automação de informações operacionais, agilizando o estágio de "Compra" por meio de um aperfeiçoamento da conexão entre a venda (atendimento) e a produção (cozinha). O objetivo foi melhorar os processos internos e aumentar a produtividade. No exemplo do cliente que comprou a passagem pela Internet, foram utilizadas informações estratégicas que facilitaram a decisão de compra a partir de uma solução digital conectando o marketing e vendas da empresa aérea aos estágios de "Procura" e "Compra" do cliente. Isso certamente representou em ambos os casos uma diferenciação importante, valorizada pelo comprador. E quanto mais diferenciais, mais satisfação, quanto mais satisfação, maiores probabilidades de compra, quanto mais compras, maiores as suas receitas!

5.5 O Gerenciamento das informações sobre a atividade de vendas

O aumento das receitas, por meio da atuação eficaz dos vendedores, é fator crítico de sucesso para todas as empresas. Identificar os porquês, as causas de algo estar dando certo ou errado é vital para se melhorar ou corrigir o desempenho (ferramenta de gestão FCA – fato, causas e ações), especialmente quando se trata de vendas ativas, em que os vendedores tomam a iniciativa de procurar os compradores.

As vendas receptivas, onde o comprador procura o vendedor em suas instalações, geralmente são mais simples de serem mapeadas, pois o ciclo de compras é mais rápido e imediato. O comprador entra em uma loja, é recebido pelo vendedor que identifica o que ele está procurando, o vendedor apresenta as alternativas dos produtos e serviços e tenta convencer o potencial cliente, se for bem-sucedido faz a venda, tipicamente de transação. Um sistema que permita quantificar os compradores que entraram na loja e as vendas feias pelos vendedores, como uma taxa de conversão das vendas, já ajuda muito o gerenciamento comercial. Para as vendas ativas, no entanto, as coisas e os esforços são mais complexos, os vendedores muitas vezes surpreendem o cliente no seu processo de tomada de decisão de compra, influenciando e persuadindo, indo e voltando no ciclo, lidando com objeções infundadas, informações sobre os concorrentes, exigências consultivas, etc.

Um modo confiável de gerenciar o desempenho das vendas por meio de informações é começar pelo tipo de venda que se pretende realizar, bem como os esforços necessários e o resultado final. Uma quantidade de esforços de qualidade e direcionados aumenta a probabilidade dos resultados positivos, sendo a base desse mapeamento a definição do processo de venda adequado para o comprador tomar a decisão de compra. Para as ofertas de transação, o processo pode ser representado em três etapas, conforme a próxima figura.

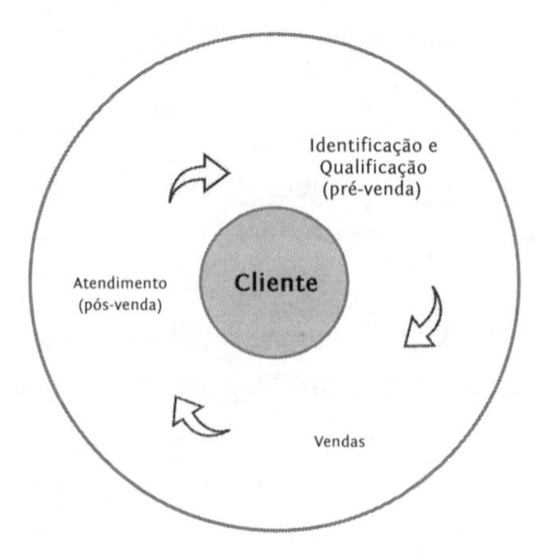

Figura 16 – Processo de vendas para clientes de transição.

FASE 01 - Identificação e qualificação: acontecem os esforços ou atividades desenvolvidas pelo vendedor para identificar os compradores, visualizar as oportunidades e selecionar as alternativas mais adequadas das ofertas dos produtos e serviços.

FASE 02 - Venda: identificada as oportunidades e alternativas com maiores probabilidades de sucesso, o vendedor detecta com mais detalhes as necessidades e desejos, demonstrando os benefícios e vantagens das melhores alternativas de produtos e serviços, para estimular a compra. É quando o vendedor verdadeiramente vende!

FASE 03 - Atendimento: após a venda, o vendedor acompanha o comprador para garantir sua satisfação com a compra, receber demandas de reparos, identificar novas necessidades/desejos e fazer novas vendas.

As fases são em função do momento em que o comprador se encontra no seu processo de tomada de decisão, associadas também aos estágios de pré-venda, venda e pós-venda. Como na venda pessoal as atividades envolvem contatos entre vendedores e compradores, é possível estabelecer padrões de desempenho medindo a quantidade e a qualidade desses esforços: a quantidade em função do número de vezes que a atividade ocorreu e a qualidade como o resultado da efetividade da venda e satisfação captada.

O processo de vendas para clientes com perfil de relação exige mais esforços e recursos, com mais etapas como mostra a figura 5.

Figura 17 – Processo de vendas para clientes de relação.

FASE 01 - Identificação e qualificação: identificar e qualificar uma oportunidade para uma venda de relação exige mais esforços do que para uma de transação. Nesta fase estão atividades como levantamento das informações, do potencial do mercado, do perfil dos potenciais clientes, elaboração de listas, agendas para abordagem e preparação para lidar com os dificultadores da venda, dentre outras.

FASE 02 - Análise de necessidades e desenvolvimento da solução: entender as necessidades de um comprador de relação e desenvolver uma solução adequada exige esforços específicos: entendimento do momento, problemas enfrentados, expectativas de curto e longo prazos, experiências de sucesso e fracasso, compras anteriores, apoiadores dentro e fora da empresa, etc.

FASE 03 - Recomendação: antes de tomar a decisão final, o comprador pedirá referências, certificados, casos de sucesso, comprovantes técnicos e materiais detalhados sobre a solução proposta, pois a decisão envolve maiores riscos. Nessa etapa estão os esforços do vendedor para endossar a oferta.

FASE 04 - Compromisso: são atividades para que o comprador assuma o compromisso formal de compra: preenchimento de formulários, carta de compromisso, aprovação por escrito ou e-mail, assinatura no pedido e repetição elaborada das razões da compra – fatores positivos.

FASE 05 - Instalação e consolidação: essa etapa do processo contempla as atividades relacionadas à entrega e implementação, no prazo pactuado, do que foi adquirido.

FASE 06 - Atendimento e expansão: inclui as atividades de pós-venda para avaliar e garantir a satisfação do comprador, receber solicitações de informações adicionais e reparos, desenvolver relacionamentos, fortalecer a confiança e identificar novas oportunidades de negócios.

Concluindo, para você implementar com sucesso a gestão das informações de vendas, determine primeiramente o perfil e processo de vendas, as atividades em cada etapa e o que é preciso para passar à etapa seguinte. Depois, identifique as informações que determinarão a dinâmica em cada etapa e as decisões pertinentes, para então escolher o aplicativo ou software que gerenciará tudo. Finalmente, automatize o sistema por meio das tecnologias disponíveis, permitindo o acesso para registro, armazenamento, análises, recuperação e conectividade.

Inteligência em Vendas

A clareza sobre os resultados buscados pelo seu negócio, perfil dos clientes, dinâmica dos mercados, metas de vendas e receitas totais, estrutura comercial, tecnologias da informação para vendas e gerenciamento para a tomada de decisões permitirá a você implementar a chamada inteligência em vendas, sempre com o apoio do marketing. Trata-se de um esforço contínuo para entender cada vez mais, coletar dados significativos, transformá-los em informações, analisá-las de acordo com as nuances do negócio, gerar conhecimento e usá-lo proativamente para decisões assertivas e proativas: menos erros e mais acertos.

Respondendo os tópicos abaixo, será possível fazer um diagnóstico da situação da sua área de vendas e marketing, usando-o como base para novos projetos e ações de melhoria:

- Como sua empresa é percebida pelos seus clientes?
- Como e de quanto em quanto tempo você sonda o mercado para "sentir" os clientes e potenciais clientes?
- O que difere sua abordagem de vendas da dos concorrentes? Como monitora e aperfeiçoa essa evolução?
- Onde o seu processo de vendas é melhor que o dos concorrentes? Quais ações preventivas está tomando, para ser mais proativo?
- Seus clientes percebem quais diferenças positivas entre a sua proposta de valor (produtos, serviços, pessoas e experiências relacionadas à marca) e a dos concorrentes?
- O que é possível fazer para melhorar e inovar sua proposta de valor, com relação aos concorrentes?
- Se comunica periodicamente por e-mail com 100% dos clientes?
- Sua presença na Internet e redes sociais atrai clientes e admiradores? É superior à dos concorrentes?
- Faz constantes *follow ups* (monitoramento da satisfação e retorno das reclamações) com todos os clientes?
- Faz constantes *follow ups* presenciais com seus *Key Accounts* (clientes diamantes)?
- Em que sua logística e atendimento são superiores aos dos principais concorrentes?

- Sua equipe está melhor preparada para vender do que a dos concorrentes? O que está fazendo para deixá-la sempre melhor?
- O que tem feito a mais que os concorrentes para garantir um relacionamento duradouro com os clientes e ser indicados por eles?
- Quais ações de fidelização o diferencia dos principais concorrentes?
- Quais são suas metas de vendas, indutoras e finalísticas, no curto e longo prazos?
- Como interage em equipe para o aprendizado e auto superação constantes?
- Como está sua atuação como líder em ação, liderando pelo exemplo e formando outros líderes?

Responda com sinceridade, elabore ações de melhoria e siga firme para a sua grande meta: dobrar um mesmo triplicar suas receitas!

6. Dicas Poderosas em Vendas, Tipos de Clientes e o Poder da Persuasão

6.1 Dicas Práticas para Aumentar as suas Vendas

Essa parte tem a finalidade de apresentar uma série de dicas práticas e modelos de atuação em vendas, para você utilizar e também treinar a sua equipe. Acesse www.carloscaixeta.com.br e faça o download dos templates e conteúdos para usar na sua organização, atualizando-os sempre.

Seguem as 7 etapas para o seu sucesso comercial: planejamento (pré-venda), atuação (venda) e continuidade (pós-venda). Faça um autodiagnóstico sincero sobre os seus pontos fracos e pontos de melhoria e crie pelo menos 3 ações de aprimoramento e desempenho em cada etapa. Siga os modelos abaixo:

1) Preparação e qualificação
- Definir o *target* (público-alvo).
- Entender e sondar o mercado.
- Buscar informações dentro e fora da empresa.
- Selecionar e qualificar.

Obs.: Identificamos o potencial cliente, mas o cliente não sabe que existimos. Descobrir sobre o *target*.

2) Planejamento – prospecção
- Defina objetivos claros: lista para ação comercial, setores, visitas, etc.
- Organize-se, estruture as ações.
- Informe-se sobre o *target* (alvo).
- Prepare-se para a abordagem.

Obs.: Sabemos sobre o potencial cliente, mas ele não foi abordado. Preparar, planejar para atuar sobre o *target*.

3) Abordagem – prospecção ativa

- Aproximação
- Abertura
- Sondagem
- Escuta eficaz
- Percepção
- Apoio

Obs.: Gerar o momento para abordar e estreitar o relacionamento com o *prospect*. Abordagem ativa, crie o momento para o "ataque comercial".

4) Apresentação

- Enfatize os benefícios.
- Sintonize no cliente. Foco "do cliente".
- Use uma linguagem adequada.
- Obtenha integração, entendimento.
- Faça-o sentir a melhor solução, por meio dos produtos, serviços e equipes.

Obs.: Use folders, depoimento de outros clientes, sites e redes sociais, material em Power Point, conversa técnica, casos de sucesso, etc. O potencial ou atual cliente precisa perceber o diferencial.

5) Superando as objeções (obstáculos, resistências à venda)

- Prepare-se previamente: listar e estudar todas as possíveis objeções.
- Aproveite quando acontecer. "*Gancho*" para fortes argumentações.
- Transforme em pergunta: Por qu? Como assim? Você poderia dar um exemplo?
- Aceite e compreenda com paciência.
- Responda, com segurança e autoconfiança.
- Reafirme os benefícios da sua oferta de valor.

Obs.: Identifique as lacunas de desempenho: enfatize sua oferta direcionada, com foco no valor.

6) Fechamento

- Resuma os benefícios aceitos.
- Reafirme os benefícios aceitos.
- Atenção aos sinais da compra.
- Faça o cliente se comprometer, formalmente!

Obs.: Abordagem consultiva, sistêmica e completa.

7) Acompanhamento

- Mostre interesse após o fechamento.
- Assegure a satisfação do cliente.
- Transmita confiança e lealdade.
- Desenvolva uma parceria para relacionamentos duradouros, com novos projetos e vendas no futuro próximo.
- Explore a rede potencial do cliente!

Obs.: Confiança, relacionamento, continuidade, mais receitas.

Modelo para o diagnóstico, ações de aprimoramento e desenvolvimento

Nossa situação atual - Diagnóstico

Ações para aprimoramento e desenvolvimento

Pontos importantes para a proatividade e alto desempenho do vendedor:

- Venda primeiro você para você mesmo!
- A venda do "Consultor Proativo de Vendas" começa antes mesmo dele sair de casa.
- Ao acordar busque um estímulo mental positivo: mentalize as suas metas, evoque pensamentos positivos e que te façam bem, medite, ore, exercite-se, etc.
- Arme-se de um poderoso sorriso nos lábios e comece a transmitir entusiasmo, conhecimentos e boas vibrações a todos que o rodeiam até o final desse novo dia.
- Lembre-se sempre: os clientes compram primeiro sua imagem, a sua pessoa e depois o produto ou serviço que você está vendendo.
- Venda a sua aparência:

Homens:

▹ Roupas e calçados limpos e combinando. Seus sapatos, óculos, cabelo e relógio referenciam você!

▹ Para não errar: meias da mesma cor dos sapatos.

▹ Camisas somente com o 1º botão de cima para baixo desabotoado, se for o caso.

▹ Loção de barba e perfume suaves, importados se possível.

▹ Coloque sempre um desodorante mais resistente.

▹ Atenção ao hálito, evite ficar com o estômago vazio e tenha sempre balas e chicletes à mão.

▹ Tenha um físico regular.

Mulheres:

▹ Evite decotes ou saias provocativas.

▹ Seja cautelosa com acessórios e maquiagem. "O clássico nunca erra".

▹ Sua pele e cabelo falam sobre você, capriche! Unhas sempre bem tratadas e pintadas discretamente.

▹ Perfume leve e importado, se possível.

▹ Use o manequim correto e prefira cores neutras.

▹ Ao usar bolsa, coloque somente o necessário e capriche na marca, pois referencia o seu esmero e sucesso.

▹ Atenção aos gestos, discrição e delicadeza impactam.

▹ Tenha um físico regular.

• Faça comentários inteligentes baseados em fatos, dados, evidências e boas notícias do mercado, da economia, etc.

• Aprenda a ouvir: estimule o cliente a falar, porque quando perguntamos estamos no comando da situação e esta é a posição ideal para conduzir e estimular as vendas.

• Tenha em mente, responda e decore "As 5 Perguntas de Ouro em Vendas". Os clientes, consciente ou inconscientemente, perguntam e são fortemente impactados pela sua segurança ao responder as 5 perguntas abaixo:

1. Quem é você e sua empresa?
2. A que grupo ou marca você pertence?
3. Qual é a sua oferta de VALOR, o que de bom você tem para mim?
4. Por que devo comprar de você e não do seu concorrente?
5. Quem compra de você, quais são os seus clientes?

• Agregue valor às suas vendas:

▹ Conduza e reforce a percepção do valor sob o ponto de vista do cliente: conheça bem os seus produtos e serviços, faça uma lista das CARACTERÍSTICAS de cada um, elabore todos os potenciais BENEFÍCIOS (um benefício pode ser **ótimo** para um cliente e sem importância para outro) e reforce o VALOR sob a perspectiva do cliente (foco "do" cliente). Veja o modelo abaixo:

Características	Complemento	Acrescente o benefício/Valor
Nosso hotel é o mais completo em termos de infraestrutura, conforto, segurança e saúde	Isto significa que...	Sua estada será prazerosa, sua alimentação será balanceada e deliciosa, sua família e funcionários se sentirão valorizados e protegisdos

Características	Complemento	Acrescente o benefício/Valor
Nossos projetos são conduzidos por equipes que trabalham de forma integrada e em parceria com o cliente. Nossa atuação alinha eficiência operacional e direcionamento estratégico para atingirmos os resultados superiores buscados pelos nossos clientes.	Isto significa que...	Sabendo o quê e como fazer, a eficiência na condução dos negócios aumentará sua lucratividade final.
		Lucratividades constantes e crescentes farão o negócio prosperar no longo prazo, com menor necessidade de endividamento.
		Sabendo o que é proprietário e como atingir os objetivos, uma maior segurança para decidir poupará tempo, saúde e recursos valiosos para a empresa... (*)

Tabela 05 - Adaptação do autor.

- Enfoque exemplos dos concorrentes ou empresas admiradas pelo seu cliente, que adquiriram a solução e obtiveram excelente satisfação e rentabilidade. Tenha sempre à mão depoimentos positivos de formadores de opinião sobre os seus produtos, serviços e experiências satisfatórias. Nunca minta, quanto maior o número de histórias reais de sucesso, mais poderá usar esses argumentos.
- Use sempre a "**Técnica** do Espelhamento" para aumentar a sinergia, confiança e afetividade: significa copiar de maneira sutil o comportamento da outra pessoa. Inclui: postura corporal, gestos da mão, expressões faciais, deslocamento do peso, respiração, movimento dos pés, movimento dos olhos etc. Essa técnica faz parte do chamado "Rapport", palavra francesa que significa a capacidade de entrar no mundo de alguém, de fazê-lo sentir que você o entende e que vocês têm um forte laço em comum. É a capacidade de ir totalmente do seu mapa do mundo para o mapa do mundo do outro, sendo a essência da comunicação bem-sucedida.

- Atenção aos 5 passos para tratamento das objeções:
  1. Ouvir atentamente: concentre-se no que o cliente está falando, porque quando surge uma objeção você não pode estar pensando na comissão do mês, na vitória do seu time predileto, etc. Utilize a objeção como "gancho" para ser assertivo e concretizar a venda.
  2. Demonstrar empatia: as pessoas gostam de saber que foram compreendidas, use essas frases conectoras e poderosas para fazerem os clientes sentirem que você está do lado deles: "Sei como o senhor se sente. Compreendo perfeitamente. Se eu estivesse em seu lugar, possivelmente pensaria da mesma forma.".
  3. Devolver a objeção em forma de pergunta: tenha firmeza! Na pergunta é transmitida confiança em querer descobrir o real motivo. Olhe nos olhos do cliente e devolva a objeção acrescida de: "Por que?", "Como assim?", "Poderia dar um exemplo?". Pergunte até descobrir o cerne da questão.
  4. Responder a objeção: é o passo mais simples, desde que o profissional tenha "treinado" as respostas para as potenciais objeções.
  5. Prosseguir com a venda: após resolver a objeção, não perca o foco e vá para o fechamento. Poderá ocorrer uma nova objeção e o ciclo se iniciará novamente.

Observação: a primeira objeção muitas vezes funciona como um mecanismo de defesa do cliente para se livrar da abordagem. Ele inventa qualquer coisa para "despachar" o vendedor: estou sem tempo, sem dinheiro, vou pensar, me liga depois, etc. Evite lidar com a primeira objeção, pois normalmente ela é falsa e, se assim for, como poderá tratá-la? No entanto, se a mesma objeção aparecer duas ou três vezes, é um indicador que pode ser verdadeira. Nesse caso, aplique o conhecimento adquirido, trate-a e continue com a sua abordagem focada na venda.

- Relembre sempre o pilar principal, a pedra angular do sucesso em vendas: *"O consultor de alto desempenho mexe com o ego do cliente, valoriza-o, coloca-o numa posição confortável, entende e fala a sua linguagem, enfocando os benefícios, a solução, os detalhes, fazendo com que ele se sinta importante e feliz por comprar aquele produto ou serviço."*

6.2 Os "8 tipos mais comuns" de clientes

Com base nos estudos mais recentes, bem como na experiência prática, pode-se classificar as pessoas no ambiente empresarial em 8 categorias principais, de acordo com o perfil mais preponderante da personalidade. No entanto, em razão de circunstâncias específicas como por exemplo crise econômica, problemas familiares, saúde abalada ou piora nos negócios, as pessoas tipicamente de um perfil podem estar momentaneamente em outro perfil, exigindo uma sensibilidade permanente por parte do vendedor. Fique alerta e nunca se acomode.

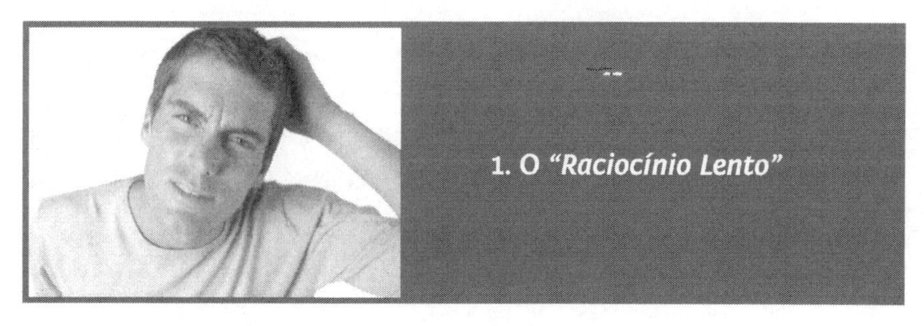

- Quer sempre pormenores.
- Vai aos mínimos detalhes.
- É meticuloso e ordenado.
- Demonstra dificuldade em associar elementos.

Como lidar:

- Use associações de ideias claras e sucintas.
- Fale de forma clara e simples.
- Acompanhe sua capacidade de absorção.
- Mantenha a atenção.
- Explore todos os seus sentidos na transmissão de uma ideia.
- Use exemplos fáceis.
- Convença-o com provas e documentos.
- Não o force; aceite o seu ritmo; dê-lhe o tempo que precisar.
- Fale devagar.

2. O *"Bem-Humorado" e Amigão*

- É mestre em desviar o vendedor do assunto Vendas.
- É muito simples.
- É muito simpático e bonachão.
- Aprecia uma conversa agradável.

Como lidar:
Conduza o diálogo e mantenha-o focado.
Seja simples, simpático e bem-humorado, sem exageros.
Procure retornar o assunto Vendas.
Não se iluda, pois "ele não é uma venda fácil".

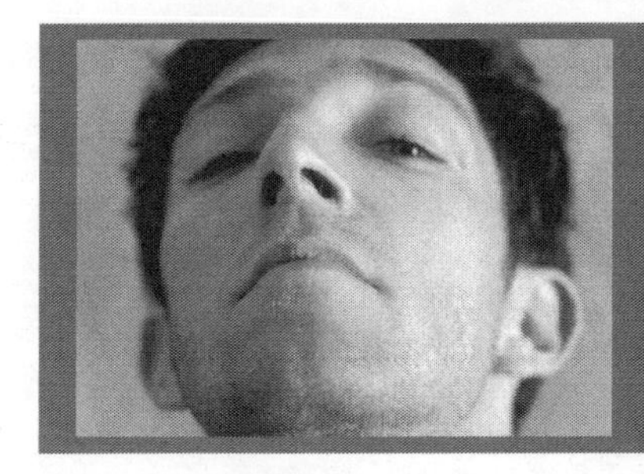

3. *O "Importante" e Presunçoso*

- É dotado de terrível superestima.
- É vaidoso.
- Pressiona o vendedor com objeções fúteis.
- Não aceita opiniões alheias.
- Procura desprezar a oferta.
- Quer e precisa dominar.
- Deseja o poder.
- É o "sabe tudo".

Como lidar:

- Dê valor às suas vaidades.
- Não o tema nem o evite.
- Não o menospreze.
- Reconheça o seu prestígio sem ser bajulador.
- Seja rápido e objetivo.
- Cause a impressão que a decisão partiu dele.
- Use suas ideias para eliminar suas objeções.
- Apresente sugestões e não conclusões.
- Respeite-o em sua pretensa dignidade.

4. O *"Descuidado"* e *Confuso*

- Faz seus pedidos às pressas.
- Às vezes anula os pedidos em seguida.
- Costuma fazer reclamações depois.
- Demonstra incoerência e insegurança.
- Volta atrás.
- Desorganizado e confuso.

Como lidar:

- Tome cuidado sempre.
- Ajude-o a se organizar, sem torná-lo excessivamente dependente de você.
- Desconfie dele.
- Procure ter certeza do que ele pediu.
- Registre por escrito o combinado.

5. O "*Desconfiado*" e Curioso

- É desconfiado, não acredita em nada.
- Gosta de debater e raciocinar.
- É firme, está sempre com o pé atrás.
- Suspeita de tudo.
- Faz muitas perguntas.
- Quer saber tudo e os porquês.

Como lidar:

- Transmita-lhe confiança.
- Incentive-o.
- Seja firme.
- Forneça-lhe detalhes lógicos.
- Seja seguro ao expor seus argumentos.
- Demonstre segurança através de dados reais.
- Faça afirmações que possam ser provadas naquele momento.
- Procure não dar muitas oportunidades para novas perguntas.

6. O "*Bem preparado*" e Inteligent

- É bem informado.
- Sabe o que diz, pois estuda.
- Não é facilmente influenciável.

- Não gosta de argumentos fracos.
- Aprecia fatos, dados e evidências.
- Tem muita confiança em si próprio.
- É altivo, sem ser arrogante.

Como lidar:

- Demonstre conhecimento sem irritá-lo.
- Deixe-o à vontade.
- Seja firme, demonstre autoconfiança.

Apresente fatos e dados, não opiniões.

Faça-o sentir que é o primeiro a receber as informações.

Não esconda informações, mesmo que elas não sejam boas.

Use a razão, o juízo, o critério, o bom senso, a lógica.

7. O *"Tímido"* e *Calado*

- Busca conselhos.
- Não demonstra o que pensa.
- Deixa o vendedor falando sozinho.
- Gosta de falar pouco.
- Tem medo de tomar decisões.
- Não responde aos argumentos de vendas.
- Não se impressiona com as vantagens do produto

Como lidar:

- Transmita-lhe confiança.
- Aconselhe-o.
- Seja breve e sensato.
- Não o pressione.
- Faça-o demonstrar o que realmente sente.

- Transmita-lhe segurança e coragem para decidir.
- Force um diálogo através de perguntas que exijam respostas.
- Aproveite as oportunidades em que ele demonstrou um ponto de vista.

8. O *"Briguento" e Irritado*

- É extremamente nervoso.
- Gosta de brigar.
- Discute por qualquer coisa.
- Não hesita em expor opiniões.
- Tem "pavio curto".
- Costuma ofender.
- Critica o produto, a empresa, o vendedor, a concorrência.

Como lidar:

- Evite discussões e atritos.
- Saiba ouvi-lo.
- Direcione-o para o bom senso.
- Não use o mesmo tom de voz dele.
- Não use a técnica do "espelhamento"!
- Mantenha-se calmo e cordial.
- Use suas próprias ideias para convencê-lo.
- Procure criar um clima amistoso.
- Seja paciente e tolerante.

6.3 A ciência e o poder da persuasão: entenda e influencie poderosamente quem você quiser

Esse assunto poderá mudar a sua vida, pessoal e profissional, concluindo nossa trajetória de aprendizado e dicas práticas com "chave de ouro"!

Em especial, quatro livros extraordinários mudaram o entendimento sobre as pessoas e suas decisões, pois possibilitaram a compreensão sobre como o ser humano pensa e age, como pode ser influenciado e até mesmo manipulado, com base não apenas em suas interpretações individuais mas também num sofisticado mecanismo de "automatismo mental", desenvolvido ao longo de milênios de evolução. Ações que até então eram consideradas racionalmente incoerentes, passaram a fazer sentido quando analisadas sob a força das emoções. Influenciar esse automatismo e provocar decisões a seu favor, de forma consciente e inteligente, pode ser a diferença entre o seu sucesso ou fracasso.

Os livros aos quais me refiro são: (1) "Rápido e Devagar", de Daniel Kahneman – Prêmio Nobel; (2) "As Armas da Persuasão", de R. B. Cialdini; (3) "Sim: 50 Segredos da Ciência da Persuasão", de R. B. Cialdini, N. J. Goldstein e S. J. Martin, e (4) "Decifrar Pessoas", de J. E. Dimitrius e W. P. Mazzarella. Todos são excelentes e recomendo a leitura.

Testei as recomendações desses estudos e evidências científicas por anos a fio, todos sérios e fundamentados, nos meus próprios negócios e negócios dos meus clientes e alunos das pós-graduações, de modo que posso garantir que a maioria funciona e traz ótimos resultados se aplicados corretamente. Constantemente faço várias palestras, workshops e consultorias sobre esse tema para muitas organizações, de distintos portes e setores, com excelentes retornos. Tenho recebido vários e-mails agradecendo essas dicas e comprovando o aumento do sucesso nas negociações e receitas, com o índice de sucesso no fechamento das vendas e contratos às vezes dobrando em menos de 6 meses – com o mesmo esforço e equipes, faz-se o dobro dos resultados!

A seguir, apresento os principais tópicos sobre o tema e várias recomendações práticas. Inicialmente você precisa entender que a persuasão é a capacidade de influenciar e convencer alguém a acreditar ou estar favorável a determinada ideia, consciente ou inconscientemente. Gera comportamentos, consentimentos e pensamentos favoráveis a uma decisão, direção ou contexto específico. Não é algo inventado, ou meramente intuitivo, e sim comprovado cientificamente, com cerca de 2.000 estudos conduzidos por mais de 50 anos especialmente nos Estados Unidos e Europa, endossados por pesquisas psicológicas com estatísticas controladas e fortes evidências empíricas.

Em termos práticos, a mente humana é composta por dois sistemas:

Sistema 1: Intuitivo e emocional. Automatismo rápido.

Sistema 2: Racional e pragmático. Acionamento voluntário.

Ambos os sistemas se apoiam mutuamente, trocando milhares de informações o tempo todo. O Sistema 1 envia percepções e padrões de análise intuitiva ao Sistema 2, que por sua vez elabora e busca mais informações para formar um entendimento e decisão. Na ausência de informações complementares, o Sistema 2 acata o entendimento e decisões orientadas pelo Sistema 1. Em razão disso, o Sistema 1 (intuitivo e emocional), na maioria das vezes, influencia mais o entendimento e decisões que o sistema 2 (racional e pragmático). Esses estudos reforçam a famosa frase repetida em marketing e vendas: "de modo geral 80% das decisões humanas são tomadas com base na emoção e apenas 20% na razão."

O Sistema 1, captando uma quantidade gigantesca de informações a cada segundo, cria "atalhos" (automatismos) para os entendimentos, contextos e decisões. Ao entendermos como esses atalhos funcionam, podemos conscientemente provoca-los e influenciar poderosamente qualquer pessoa.

Exemplos de "ATALHOS":

- Preço evidencia qualidade ("*você recebe pelo que paga*"):
  Caro = Bom
  Barato = Ruim

- Ao se pedir algo a alguém, forneça sempre um MOTIVO:
  A palavra "PORQUE" desencadeia uma reação mais propícia ao consentimento, mesmo sem um motivo muito relevante. Use sempre a palavra "porque"!

- Palavra e opinião de *expert* tem muito peso:
  "Se um especialista disse isso, deve ser verdade."

- O contraste cria uma "**âncora referencial**":
  Algo parecerá menor, se você referenciar algo maior primeiro. Ofereça o artigo mais caro primeiro, pois ficará mais fácil vender os menos caros.

Exemplo na venda de carros: após fechar um valor final de milhares de Reais, o cliente pagar R$ 300 por um acessório parecerá um valor muito menor. Ofereça cada item separadamente!

Exemplo no setor imobiliário: utilizar o chamado "imóvel de preparação". Mostre casas em péssimo estado e muito caras, pois isso servirá de "âncora perceptiva" para facilitar as outras vendas. Após verem os "imóveis de preparação", os clientes ficam muito mais receptivos e favoráveis às boas condições e preços dos outros imóveis. Essa técnica aumenta muito o nível de conversão da venda, por visitas realizadas.

Daqui para frente, tratarei de cada um dos 6 princípios da persuasão. Reflita sobre quais dicas podem ser utilizadas para o seu negócio e elabore novas abordagens: (1) Reciprocidade, (2) Coerência e Compromisso, (3) Aprovação Social, (4) Afeição, (5) Autoridade e (6) Escassez.

Princípio 1: Reciprocidade

O sentimento de gratidão é um poderoso influenciador de ações positivas de retribuição, deixando quem recebe o favor com uma sensação de que tem para com seu benfeitor uma "dívida de retorno". Frustrar essa regra de retribuição "quebra" o pacto social e quem não retribui é excluído do processo. Provoca também uma sensação positiva para com o benfeitor, fazendo quem recebe "gostar mais" dele.

Dicas para aumentar suas vendas e decisões favoráveis:

- Ofereça pequenos presentes ou amostras dos produtos:

  Garçons recebem mais gorjetas quando oferecem balas ou bombons ao entregarem a conta aos clientes.

- Ao solicitar algo aos clientes, envie um pequeno presente mesmo que seja simbólico. O retorno favorável aumenta muito!

  Pedidos de doação por carta, quando acompanhados de etiquetas adesivas personalizadas, provocam quase o dobro da taxa de resposta, aumentando o valor final doado.

- Faça pedidos maiores, para conseguir o que você realmente quer. Quem pede mais, consegue mais!

Uma concessão gera na outra pessoa uma força de reciprocidade para também fazer uma concessão.

Use a técnica de recuar para depois conquistar, também conhecida como "Técnica Porta na Cara"!

Se quer vender um ingresso de R$ 80, ofereça um de R$ 150 e, após a recusa ("Porta da Cara"), ofereça o de R$ 80. Se você quer vender um terno de R$ 500, ofereça um de R$ 1.000 e após a recusa ofereça o terno de R$ 500. Ofereça garantia estendida de 3 anos e, em caso de recusa, será mais fácil vender a garantia de 1 ano.

Independente do resultado do seu esforço, peça sempre indicações de amigos potencialmente interessados na sua oferta.

Princípio 2: Coerência e Compromisso

As pessoas desejam a sensação de serem e parecerem coerentes com o que já fizeram e disseram. Depois que fazem uma opção ou tomam uma posição, deparam-se com pressões pessoais e interpessoais exigindo que se comportem de acordo com esse compromisso. Essas pressões fazem os indivíduos reagirem de maneiras que justifiquem suas decisões anteriores, pois um alto grau de coerência costuma estar associado à força pessoal e intelectual. Manter compromissos coerentes poupa energia – atalho para o "automatismo mental".

Dicas para aumentar suas vendas e decisões favoráveis:

• Instigue o compromisso de compra e frustre-a, para estimular compras futuras (CUIDADO ao usar essa dica!!): o mercado de brinquedos por vezes faz publicidade de brinquedos específicos no natal mas coloca poucas peças para venda, fazendo os pais que prometeram esses brinquedos aos filhos comprarem após o natal, caso não tenham conseguido comprar a tempo.

• Faça os clientes se comprometerem por escrito, com registro, explicitamente.

Peça a assinatura dos clientes e a confirmação formal.

• Faça os clientes dizerem coisas boas sobre si mesmos e sobre o seu negócio, depois ofereça o seu produto/serviço.

Isso vale para todos os setores e pedidos de doações: inicie com "Tudo bem com o senhor?" "Como você está se sentindo hoje?".

- Após a venda, faça o cliente reforçar as boas razões e o compromisso da escolha feita.

  "Será que você poderia me dizer exatamente por que optou por comprar esse produto/serviço de nossa empresa?"

- Ganhe um pedido pequeno e evolua para maiores. Essa técnica é conhecida como "Pé Na Porta"!

  A estratégia inicial é menos o lucro e mais o compromisso, a oportunidade de transformar um cliente potencial em um cliente real.

- Faça o cliente, e não o vendedor, preencher todo ou parte significativa do acordo de venda.

  Geralmente as pessoas honram mais aquilo que escrevem!

- Faça as pessoas falarem bem da empresa/produtos e manifestarem apoio, por escrito e explicitamente.

  Faça concursos para completar com elogios e reconhecimento das vantagens a frase: "Gosto do produto X / empresa Tal porque ________"

  Também funciona como campanha interna, com seus colaboradores: melhora o clima e o apoio à empresa.

- Exponha as metas de vendas e os resultados atingidos, dando visibilidade e gerando maior compromisso por parte de todos.

- Peça que o cliente confirme a presença ou avise caso mude de ideia:

  Você confirma o comparecimento na data tal?

  Você poderia nos ligar, por favor, caso mude seus planos?

- Instigue que o compromisso reforce a sua própria sustentação. Técnica da Bola Baixa (CUIDADO ao utilizar essa técnica!!)

  Consiste em oferecer um estímulo ao cliente para que tome uma decisão. Após algum tempo, o estímulo é retirado.

  Exemplo das concessionárias de automóveis: o vendedor informa um preço menor que a concorrência, instiga o cliente a preencher os papéis da compra, providenciar as condições de financiamento, fazer *test drives* prolongados, etc. Há uma supervalorização no valor do carro usado, como parte da troca para a compra de um novo. Após algum tempo, algo acontece e um "erro nos cálculos" aparece, mas o cliente já tomou a decisão, está muito emocionalmente envolvido e dificilmente recua.

Princípio 3: Aprovação Social

De modo geral, descobrimos o que é correto descobrindo o que as outras pessoas acham que é correto. Consideramos um comportamento adequado, em dada situação, na medida em que o vemos ser seguido pelos outros. Esse princípio pode ser usado para estimular o consentimento de uma pessoa a um pedido, informando-a que vários outros indivíduos (quanto mais melhor) estão concordando ou já concordaram com aquela solicitação. É mais influente sob duas condições: incerteza (insegurança ou ambiguidade) e semelhança (exemplos de pessoas parecidas).

Dicas para aumentar suas vendas e decisões favoráveis:

Para estimular a venda de um produto informe que "é o que mais vende".

Você também pode dizer que "o produto está entre os 3 ou 5 mais bem avaliados pelos clientes da empresa".

Liste e apresente as pessoas que já contribuíram com dinheiro, numa campanha.

Priorize os líderes e formadores de opinião.

"Tempere" suas ofertas com relatos de indivíduos que compraram o produto.

Use a semelhança para fortalecer a persuasão.

Mostre vídeos com clientes satisfeitos comprando seus produtos e fazendo elogios à empresa.

Se quiser que clientes tenham atitudes novas ou determinado comportamento, contrate atores para se passarem por clientes e agirem como gostaria que seus clientes agissem. Eles aprenderão e imitarão.

Coloque depoimentos "espontâneos" positivos de clientes no seu site e redes sociais.

Ao abordar pessoas ou empresas para venda direta ou consultiva, use exemplos de clientes com características, perfis e setores parecidos com elas.

Use "gente como a gente" em suas campanhas.

Princípio 4: Afeição

Preferimos dizer SIM aos pedidos de pessoas que conhecemos e de quem gostamos. A atratividade física também aumenta a afeição e gera o chamado "efeito halo" ou "efeito auréola": sensação de onde há atração, potencialmente há talento, gentileza, inteligência etc. A semelhança igualmente aumenta a afeição e o consentimento, bem como os elogios sinceros (sem exageros!) e a familiaridade, por meio do contato repetido em circunstâncias positivas com a pessoa ou objeto. A associação de pessoas ou produtos com emoções e coisas positivas também aumenta a afeição!

Dicas para aumentar suas vendas e decisões favoráveis:

• Faça as pessoas gostarem e lembrarem de você: sorriso e cordialidade sempre! Projete levemente seu corpo na direção da pessoa, olhe diretamente nos olhos dela, demonstre interesse pelo que ela diz, balance a cabeça positivamente e faça perguntas sobre o assunto.

• Peça aos seus clientes, conhecidos e familiares várias indicações de amigos que potencialmente poderiam gostar do seu produto ou serviço. Aborde-os dizendo que foi indicação do amigo dele Fulano de Tal.

• Ofereça algo que encante, com preço justo e seja aquele de quem todos gostariam de comprar: sorriso, cordialidade, real interesse pelo cliente, promessas cumpridas.

• Capriche sempre no visual, para aumentar sua atratividade física e provocar o "efeito halo": sensação de mais talento, gentileza, honestidade e inteligência.

• Busque pistas para demostrar semelhança com os clientes: esportes, hábitos, hobbies, leituras, qualquer coisa. Faça-os falar e ouça com atenção!

• Espelhe (imite!) discretamente a postura corporal, estilo, ritmo e tom de voz do cliente. Inconscientemente as pessoas gostam de pessoas parecidas com elas mesmas.

• Elogie com sinceridade! Anote a data de aniversário, outras datas importantes e ligue para cada cliente felicitando-o e reforçando a sua estima por ele. Todos gostam de se sentirem especiais, lembrados e "adulados". Evite mandar mensagens de texto, ligue e converse diretamente!

• Apareça sempre e de forma adequada nas redes sociais e profissionais, eventos e locais onde seus clientes frequentam. Lembre-se que a familiaridade aumenta a afeição!

• Associe conscientemente a sua imagem, produtos e serviços a coisas e emoções boas. Selecione atendentes bonitas e mostre imagens de cartões de crédito, pois estimulam o desejo de comprar mais.

• Associe seus produtos e serviços ao que estiver ocorrendo de positivo no momento. Aproveite o "poder da mídia"! A associação não precisa ser lógica, basta que seja positiva.

• Use na publicidade artistas, atletas e celebridades queridas para "emprestarem" o carisma ao que você quer vender.

• Faça as pessoas comerem, pois estarão mais dispostas a gastar, gostar de você e das suas ofertas. A comida em geral provoca uma sensação boa e favorável.

• Tenha sempre à disposição chocolates, balas e café. Esses alimentos, em especial, deixam as pessoas mais propensas a concordarem com suas argumentações coerentes.

• Chame as pessoas pelo nome, fazendo-as se sentirem lembradas e únicas! Essa afeição fará que as portas se abram mais facilmente para você.

Princípio 5: Autoridade

Há fortes pressões sociais e psicológicas para que as pessoas obedeçam aos pedidos de uma autoridade. Obedecer costuma ser benéfico aos resultados, pelos níveis de conhecimento, sabedoria e poder que os especialistas detêm. Além disso, um sistema de autoridade complexo e aceito confere vantagens à sociedade: ganho de tempo, produção de recursos, comércio, defesa, expansão e controle social. As pessoas geralmente apresentam uma tendência a reagir automaticamente a símbolos de autoridade: títulos, roupas e automóveis são os principais.

Dicas para aumentar suas vendas e decisões favoráveis:

• Faça campanhas e peças publicitárias utilizando especialistas reais e atores consagrados por atuações como especialistas (por exemplo, atuação como médicos), pois se mostraram eficazes para estimular as vendas.

• Mostre seus títulos, capriche nos trajes e símbolos de poder como automóveis, relógios, joias e acessórios de marca.

• Aumente a sua altura, pois está relacionada à percepção de poder e autoridade. Use "palmilhas especiais" nos sapatos.

• Use roupas elegantes para aumentar nas pessoas a sensação de autoridade. Sua aparência influencia decisivamente!

• Reconheça uma falha ou defenda algo menor contra seus próprios interesses, para "provar" sua honestidade e imparcialidade.

Princípio 6: Escassez

As pessoas atribuem mais valor a oportunidades quando estas estão menos disponíveis, pois usam atalhos para a decisão: (1) as coisas difíceis de se obter são mais valiosas e (2) a menor acessibilidade provoca uma sensação de perda da liberdade de escolha, ocasionando uma reação de forte desejo pela reconquista da liberdade juntamente com os bens e serviços associados. O chamado "princípio da reatância psicológica" é muito forte: as pessoas detestam qualquer tipo de perda e farão tudo para manter os benefícios conquistados! Importante: itens recém-escasseados são mais valorizados e quanto maior a competição pelo recurso escasso, maior a atração.

Dicas para aumentar suas vendas e decisões favoráveis:

• Use a tática do "número ou quantidade limitada", onde o cliente é informado que certo produto ou serviço não pode ser garantido por muito tempo.

• Use a técnica do "infelizmente vendi essa peça menos de 20 minutos atrás e se não me engano era a última." Os clientes ficarão loucos! Complemente com "mas de repente há alguma escondida no estoque, se eu conseguir encontrar você vai levar?" Volte com o produto e o contrato de venda!

• Enfatize sempre as perdas e os problemas (faça o cliente sentir a angústia de uma situação ruim), caso o cliente não adquira o seu produto ou serviço. Somente depois fale dos benefícios e ganhos potenciais. Lembre-se que todos detestam a perda!

• Use a técnica do "tempo limitado" para uma oferta ou promoção: "Essas condições são válidas apenas hoje ou apenas essa semana".

• Informações exclusivas ou restritas tem mais valor. Quando de fato for alguma informação específica, diga explicitamente isso ao cliente!

• Afirme que o seu produto ou serviço, antes muito disponível, está passando por alguma restrição. As pessoas consideram algo mais desejável quando se torna recentemente menos disponível do que quando sempre foi escasso.

• Diga que outros clientes estão interessados! A competição (perda para um rival) instiga fortemente o desejo de compra. Combine escassez com rivalidade, é tiro e queda!

• Marque visitas com potenciais compradores no mesmo horário ou em horários onde possam se encontrar! Isso funciona mais para setores como vendas de automóveis, imóveis etc. Quando um rival aparece, a decisão pela compra acelera.

Para todas essas dicas, é fundamental você pensar no que funciona para o seu negócio. Estruture tudo, converse com suas equipes, treine bastante e aplique com disciplina! Reitero que provocar decisões a seu favor, de forma consciente e inteligente, pode ser a diferença entre o seu sucesso ou fracasso! Agora você sabe como fazer. DOBRE AS SUAS RECEITAS!

REFERÊNCIAS BIBLIOGRÁFICAS:

BATESON, J. E.G. **Marketing de Serviços**. 4ª edição. São Paulo: Bookman, 2003.

BUTLER-BOWDON, T. **50 grandes mestres da psicologia**. São Paulo: Universo do Livro, 2012.

CAIXETA, C. G. F; CAIXETA, M. L. **Memória e Cultura Organizacional nas Decisões Estratégicas**. Revista Dom (Fundação Dom Cabral), v. 1, p. 72-79, 2014.

CAIXETA, C. G. F. **Foco estratégico, Eficiência Operacional e Treinamento Intenso em 2014**. Revista Dom (Fundação Dom Cabral), v. 1, p. 118, 2014.

CAIXETA. C. G. F.; CAIXETA, M. L. **Empresas, Clientes e Mercados 3.0 - desafios para a estratégia e o marketing**. Revista Dom (Fundação Dom Cabral), v. 14, p. 16-23, 2011.

CAIXETA, C. G. F. **Competitividade brasileira: um estudo da reputação de empresas nacionais por meio das dimensões governança, desempenho e produtos e serviços**. 2008. 130f. Dissertação (Mestrado em Administração) – Pontifícia Universidade Católica de Minas Gerais e FDC, Belo Horizonte.

CAIXETA, C. G. F. **Site: www.carloscaixeta.com.br** (artigos, ferramentas, conteúdos e entrevistas).

CASTRO, L. T.; NEVES, M. F. **Administração de Vendas - Planejamento, Estratégia e Gestão**. São paulo: Atlas: 2005.

CHURCHILL, G. Marketing: **Criando valor para o cliente**. 3ª edição. São Paulo: Saraiva, 2013.

CIALDINI, R. B. **As armas da persuasão: como influenciar e não deixar influenciar**. Rio de Janeiro: Sextante, 2012.

CIALDIN, R.; GOLDSTEIN, N. J; MARTIN, S. J. **Sim! 50 segredos da ciência da persuasão**. Rio de Janeiro: BestSeller, 2009.

COLLINS, J.; HANSEN T. M. **Vencedoras por Opção: incerteza, caos e acaso - por que algumas empresas prosperam apesar de tudo**. São Paulo: HSM, 2012.

COUGLAN, A. et al. **Canais de marketing e distribuição**. Porto Alegre: Bookman, 2006.

DAMÁZIO, L. F.; CAIXETA, C. G. F. **Inteligência a serviço da estratégia**. *Revista DOM* (Fundação Dom Cabral), v. 08, p. 8-13, 2009.

DIMITRIUS, J. E.; MAZZARELLA, M. **Decifrar pessoas: como entender e prever o comportamento humano.** 21ª ed. São Paulo: Alegro, 2003.

DRUCKER, P. **Marketing para o século I: Como criar, conquistar e dominar mercados**. São Paulo: Futura, 2004.

FUNDAÇÃO DOM CABRAL: ***Site:* www.fdc.org.br** (artigos e conteúdos).

FUTRELL, C. **Vendas: fundamentos e novas práticas de gestão**. São Paulo: Saraiva, 2003.

GITOMER, J. **A Bíblia de Vendas.** São Paulo: MBooks, 2010.

HOOLEY, G. J.; SAUNDERS, J. A.; PIERCY, N. F. **Estratégias de marketing e posicionamento Competitivo.** 4ª Edição. São Paulo: Prentice Hall, 2011.

KAHNEMAN, D. **Rápido e devagar: duas formas de pensar**. Rio de Janeiro: Editora Objetiva Ltda, 2011.

KARSAKLIAN, E. **Comportamento do Consumidor**. 2ª edição. São Paulo: Atlas, 2004.

KOTLER, P; KELLER, K. L. **Administração de Marketing**. 14ª edição. São Paulo: Prentice Hall, 2013.

KOTLER, P.; ARMSTRONG, G. **Princípios de Marketing.** São Paulo: Prentice Hall, 2004.

OGDEN, J. R. **Comunicação Integrada de Marketing**. São Paulo: Prentice Hall, 2002.

RIEL, V.; CEES, B. M. ***Reputação:* o Valor Estratégico do Engajamento de Stakeholders**. São Paulo: Elsevier, Campus, 2013.

RIES, A; TROUT, J. **Posicionamento: a batalha por sua mente**. 2ª ed. São Paulo: Makron Books, 2009.

ZENONE, L. C.; BUAIRIDE, A. M. R. **Marketing da Promoção e Merchandising – conceitos e estratégias para ações bem.** São Paulo: Pioneira Thompson Learning. 2005.

Anexos

O hedonismo

Na Grécia antiga, epicuristas e cirenaicos baseavam suas teorias éticas na ideia de que o *prazer é o maior bem*. Esta doutrina considera o prazer como o único bem da vida e, sua busca, a finalidade do homem. Mas os epicuristas acreditavam que os homens devem buscar os prazeres da mente e não os prazeres do corpo.

Atualmente, o hedonismo tomou uma forma diferente: o homem deve buscar não só seu próprio prazer, mas o maior bem para o maior número de pessoas. *Encaram o bem em termos de prazer.*

Enquanto há povos com dificuldades de alimentação decorrente do alto nível de pobreza, a sociedade afluente tem apresentado uma tendência para o hedonismo. O termo vem de uma palavra grega com a mesma origem de *prazer*. Na antiga Grécia existiram duas importantes escolas hedonistas: os Cirineus (fundada por Aristipo), ou Hedonismo Egoísta, e os Epicuristas (fundada por Epicuro), ou Hedonistas Racionais. Ao pregar o prazer como o bem supremo da vida, os hedonistas influenciam o comportamento das classes médias de diversos países.

Apreciar um bom vinho, interessar-se por gastronomia, fazer massagem, viajar e conhecer novas culturas e povos. Unir a tranquilidade de uma praia ao conforto de um hotel cinco estrelas já está presente na imaginação e nos desejos de muita gente. As empresas já descobriram esse filão e preparam produtos e serviços para atender ao novo e rico segmento de mercado.

Vários hotéis de luxo chegam ao requinte de entregar ao hóspede um exemplar, do dia, do jornal de sua cidade natal. Para isto utilizam um equipamento capaz de reproduzir qualquer diário do mundo, em papel-jornal.

As pessoas estão questionando valores e revendo o que vale a pena, dando mais importância ao prazer e ao tempo. O *workaholic* está ficando fora de moda. A mentalidade patrimonialista é questionada quando escolhe-se conhecer cem países ao invés de ter um apartamento maior. A diretora de hospedagem do hotel Hyatt, em São Paulo, informa que é comum gente da própria cidade hospedar no hotel pelos mimos que receberão, como o *spa*.

Saímos do mundo vertical, da era industrial, na qual os padrões eram muito definidos e hierarquizados, e passamos a viver em uma sociedade horizontal, globalizada, na qual não existe mais uma única forma correta de se portar. Essa falta de padrão abriu caminho para os prazeres. Isso pode ser uma ponte para uma livre escolha mais real e conflitos entre a ética do dever e a ética do desejo.

Marketing e vendas não podem ficar alheios a essas mudanças. Precisam focar nos atuais e novos desejos do consumidor, captando proativamente as mudanças para propor mais serviços, produtos e experiências que satisfaçam os desejos e o ego de clientes que não medem esforços financeiros para realizarem suas fantasias e prazeres.

EPICURO

EPICURO, filósofo grego (Samos ou Atenas, 341 – m. 270 a.C.). Suas ideias sobre o prazer, a liberdade e a amizade exerceram grande influência no mundo greco-romano. A palavra epicurista origina-se do seu nome.

Ensinava que o prazer é o bem máximo, mas longe de o fazer consistir nos gozos materiais, Epicuro situava-o na cultura do espírito e na prática da virtude. Em consequência de uma falsa interpretação de sua doutrina, esse homem de conduta exemplar passou a ser considerado um libertino que buscava apenas os prazeres materiais.

Epicuro acreditava que a mente humana é perturbada por duas ansiedades principais: o medo dos deuses e o medo da morte. Achava que esses dois temores baseavam-se em crenças errôneas e que podiam ser superados pela adesão a sua filosofia. Afirmava que os deuses existiam, mas não deviam ser temidos porque viviam separados do homem e de seu mundo, não se preocupavam com os assuntos humanos porque isso entraria em conflito com sua felicidade.

Afirmava também que a morte não devia ser temida, porque o bem e o mal estão nas sensações, e a morte priva a humanidade delas. Liberto destas ansiedades, o homem pode levar uma boa vida, buscando prazeres moderados e evitando a dor. Pode-se conseguir melhor o prazer vivendo segundo a prudência, a moderação, a coragem, a justiça e cultivando a amizade.

Epicuro dirigiu uma escola de filosofia em Atenas, de 306 a.C. até sua morte. Foi um escritor muito produtivo mas, com exceção de três cartas que resumem seus ensinamentos, sua filosofia teve de ser reconstituída a partir dos fragmentos de seus diversos escritos e do poema De Natura Rerum (Sobre a natureza das coisas), de Lucrécio.

GOSTO E AROMA

Experiências olfativas e gustativas são únicas, aponta recente pesquisa do Instituto Francês do Sabor. Por que algumas pessoas detestam o que outras pessoas consideram delicioso? Como sabemos, sabor e olfato, bem como a percepção do que seria beleza, variam de uma pessoa para outra. Os cientistas tratam de compreender os motivos dessas divergências de apreciação.

"Ninguém percebe os odores nem os sabores de uma mesma e única forma. Quando se sente um odor, a 'forma' da percepção depende tanto do produto cheirado quanto da pessoa que cheira", explica o neurobiólogo Patrick MacLeod, do Instituto Francês do Sabor, entidade que estuda a percepção sensorial humana em geral e os comportamentos alimentares em particular.

O sabor e o olfato são sensações percebidas de forma diferente da visão, da audição e do tato, que são mais ou menos similares para todas as pessoas e podem ser descritos por uma linguagem muito comum. "No campo da química, ou seja, nos casos do olfato e do sabor, nossos receptores são diferentes. Nem mesmo se pode fazer a descrição de um odor como a de um rosto", avalia MacLeod. Graças à apurada pesquisa cientifica, sabe-se agora por que uma sensação desagradável para uma pessoa pode ser considerada agradável para outras tantas. A explicação dessa diferença está tanto na genética quanto na cultura. De fato, o genoma de cada pessoa possui 347 genes olfativos (o que representaria apenas 1% do total), enquanto há só quatro para a visão, por exemplo.

Aproximadamente a metade desses genes é tida como polimorfa, ou seja, "tem um potencial de variação enorme entre os indivíduos", afirma o cientista. Como resultado disso, as experiências olfativa e gustativa são únicas, cada pessoa tem a sua própria. Por isso é algo tão difícil de descrever e, portanto, também tarefa muito árdua transmitir um saber a respeito.

A consequência disso para os setores alimentícios, vinícolas e de perfumaria não é nem um pouco pequena. É simplesmente inútil buscar um sabor que agrade a todo mundo. Além disso, é sumamente impossível descrever um odor – tanto que o vocabulário para definir sempre se limita a dizer: "gosto, ou não gosto". Esse aspecto fica restrito ao campo das preferências.

Apesar disso, observa Patrick MacLeod, "o sistema sensorial humano alcançou a máxima sensibilidade possível". Ele lembra que pobre é nossa capacidade de descrever os odores, mas nem tudo se explica pela biologia. A educação e a cultura desempenham um papel muito importante, uma vez que determinam o que percebemos como bom ou ruim. Em tese, não há odores ruins! Na primeira infância, por exemplo, o bebê não percebe como mau o seu odor fecal, é sobretudo a educação e o condicionamento que transformam-no num odor considerado repulsivo.

No que se refere à gastronomia, no entanto, trata-se de um campo do qual participam absolutamente todos os sentidos. Por exemplo, basta ver o que se passa na relação do sabor com a tonalidade do vinho. A cor, que comporta uma informação visual, pode mudar a percepção do sabor da bebida, não se tratando de uma ilusão. Os estudos indicam que se pode provar um vinho de um copo negro que esconde de toda a cor e ainda assim se sentir o sabor. Se o vinho for artificialmente colorido, por exemplo um vinho branco que mudou de cor com pigmentos vermelhos, ao ser provado com essa cor seu sabor estará inexoravelmente mudado.

EMBLEMAS DE MARCAS FAMOSAS DE CARROS

Os emblemas dos fabricantes de automóveis são mais do que simples símbolos de identificação das marcas. A maioria deles traz embutidos diversos aspectos da história da marca, capazes de aguçar a curiosidade dos aficionados por carros.

Os logotipos acompanham o surgimento das primeiras fábricas de automóveis, no final do século passado. Como escuderias, agremiações esportivas e outras associações, os primeiros fabricantes de automóveis não dispensavam um símbolo de identificação do modelo, seguindo uma tradição surgida na Idade Média, como os brasões nobiliárquicos. Veja o significado dos que mais ficaram marcados na história do automóvel:

Audi: As quatro argolas unidas representam as marcas alemãs que formaram a Auto Union, fundada em 1947. São elas: Horch, Audi, Wanderer e DKW. No dia 1º de janeiro de 1985, a Auto Union passou a se chamar Audi AG, com sede empresarial em Nekarsulm, na Alemanha.

Alfa Romeo: O símbolo é composto pela bandeira com a cruz vermelha (brasão da cidade de Milão) e pela serpente devorando um homem (símbolo da família real milanesa). O nome do fabricante italiano, fundado em 1910, é a combinação da sigla A.L.F.A (Anonima Lombarda Fabbrica Automobili) com o sobrenome do engenheiro Nicola Romeo, fundador da marca.

BMW: Representa uma hélice de avião, nas cores azul e preta. Foi criada depois que os irmãos Karl Rath e Gustav Otto conseguiram permissão do governo alemão para produzir motores de avião, em 1917. O primeiro carro a ter o símbolo da marca alemã foi o modelo Dixi 3/15, de 1928. BMW é a abreviatura de "Fábrica de Motores da Bavária" (Bayerische Motoren Werk).

Cadillac: Marca famosa da General Motors, o seu emblema é derivado do brasão da família de Sir Antoine de la Mothe Cadillac, o fundador da empresa. Desperta muita admiração no mundo todo, com sua grinalda de plumas – um verdadeiro clássico!

Chevrolet: O logotipo em forma de gravata borboleta foi baseado na ilustração do papel de parede de um hotel em Paris onde um dos fundadores da marca, William Durant, teria se hospedado, em 1908. Durant guardou a amostra na carteira para usá-la como símbolo da marca de automóvel que fundou em parceria com o piloto Louis Chevrolet.

Chrysler: A antiga estrela de cinco pontas, formada a partir de um pentágono com cinco triângulos, representa a precisão da engenharia. O logo atual é um escudo com asas, que já havia sido foi adotado entre as décadas de 30 e 50.

Citroën: Os dois "Vs" invertidos, conhecidos na França como "Deux Chevron" (Duplo Chevron), simbolizam a engrenagem bihelicoidal criada pelo engenheiro Andre Citroën, fundador da marca francesa.

DKW-Vemag: A fábrica foi inaugurada em 1955, pelo presidente JK. A antiga Vemag – Veículos e Máquinas Agrícolas dedicava-se, desde 1945, à importação de veículos Studbaker dos Estados Unidos, bem como à fabricação de tratores. Da união com a DKW alemã surgiu, em 1957, o primeiro veículo de passeio brasileiro, a camioneta Vemaguet, dotada de um barulhento, porém amado motor 3 cilindros de 2 tempos.

Dodge: O búfalo simboliza a cidade de Dodge, localizada no estado de Kansas (EUA), no oeste norte-americano.

Ferrari: O cavalo preto empinado sobre o fundo amarelo era usado no avião de Francesco Barraca, piloto de caça italiano morto na Primeira Guerra Mundial. A pedido da mãe de Barraca, o comendador Enzo Ferrari passou a adotar o emblema em seus carros a partir de 1923.

Fiat: A sigla em letras brancas sobre fundo azul significa Fábrica Italiana de Automóveis de Turim. Por algum tempo as 4 letras foram substituídas por 4 barras inclinadas (brancas ou cromadas) mas, atualmente, o símbolo remonta aos primeiros veículos fabricados pela Fiat.

Ford: O símbolo oval com a assinatura de Henry Ford permanece quase inalterado desde a fundação da empresa, em 1903. Hoje ele inspira o desenho das grades dos carros da marca.

Jeep: Marca norte-americana cuja origem vem da pronúncia, em inglês, da sigla G.P. (General Purpose), utilizada para identificar os modelos destinados a vários tipos de uso.

Lamborghini: O touro que aparece no símbolo dos esportivos italianos é uma homenagem do fundador da marca, Ferruccio Lamborghini, às lutas de touro, pelas quais era fanático. Os carros da marca (Diablo e Murciélago) têm nomes de touros famosos.

Maserati: O logotipo da marca italiana representa o tridente de Netuno, símbolo da cidade de Bolonha. A fábrica foi fundada em 1919 pelos irmãos Carlo, Bindo, Alfieri, Ettore e Ernesto Maserati.

Mercedes-Benz: A estrela de três pontas representa a fabricação de motores para uso na terra, água e mar. Surgiu depois que Gottlieb Daimler enviou cartão postal para sua mulher, dizendo que a estrela impressa no cartão iria brilhar sobre sua obra.

Mitsubishi: Um diamante de três pontas que remete à resistência e preciosidade. O símbolo veio do nome da marca: "Mitsu" significa três em japonês e "Bishi", diamante.

Nissan: A moldura azul (cor do céu e do sucesso na cultura japonesa) e um círculo vermelho ao fundo (que representam a luz do sol e a sinceridade) remetem ao provérbio "sinceridade leva ao sucesso". Nissan significa "indústria japonesa".

Peugeot: O leão estilizado, que representa a "qualidade superior da marca" e homenageia a cidade de Lion (França), é usado desde 1919. Desde então, o logotipo sofreu sete modificações.

Porsche: São dois brasões sobrepostos – o da região de Baden-Württemberg e o da cidade de Stutgartt (o cavalo empinado), sede da marca alemã. A marca adotou o símbolo a partir de 1949.

Puma: Iniciou sua produção em 1964 usando a mecânica do DKW e, em 1967, mudou para a mecânica do Fusca. Os primeiros "Pumas", na verdade DKW-Malzoni, foram feitos para correr e, de fato, sempre brilharam em Interlagos. Foram exportados para diversos países, principalmente para os EUA, entre 1970 e 1980.

Quadrifoglio: O trevo de quatro folhas dos esportivos da Alfa Romeo é o amuleto usado pelo piloto Ugo Sivocci, considerado herói da marca depois de ter morrido em um acidente, em 1923, no circuito de Monza (Itália). A partir daquele ano, todos os carros de corrida passaram a ter esse logotipo na carroceria.

Renault: O losango parecido com um diamante foi adotado em 1925, para sugerir sofisticação e prestígio. Desde então, teve quatro mudanças de visual. O primeiro símbolo eram dois "Rs", de 1898, em homenagem aos irmãos Louis e Marcel Renault, fundadores da marca francesa.

Rolls Royce: Os dois "Rs" do logotipo eram estampados em vermelho. Com a morte de seus fundadores, Charles Rolls (1910) e Frederick Royce (1933), as letras passaram a ser grafadas em preto, em sinal de luto.

Saab: Uma das marcas sob controle da GM, a sueca Saab começou a fabricar aviões em 1938. O nome vem de Svenska Aeroplan Akteebolaget. A produção de automóveis começou em 1959. O logotipo circular tem um animal mitológico com cabeça de águia e garras de leão, símbolo da vigilância. O azul de fundo é a cor da marinha.

Subaru: Na língua japonesa, Subaru tem o significado de "plêiade" (conjunto de estrelas). Isso explica a constelação adotada como logotipo da marca.

Volkswagen: Um dos mais familiares símbolos entre as marcas de veículos, este círculo envolve um "V" e um "W", iniciais de volks (em alemão: povo) e wagen (vagão, veículo), ou seja: carro do povo. Foi encomendado pelo próprio governo alemão ao engenheiro Ferdinand Porsche. Por isso, ambos os veículos usavam motores refrigerados a ar até pouco tempo atrás.

Volvo: O logotipo da marca sueca é o símbolo da masculinidade. Por esse motivo já foi muito contestado por movimentos feministas na Europa.

Grupo
Editorial
LETRAMENTO